어떻게
기억할
것인가

공부 습관을 바꾸는 완벽한 기억법

어 떻 게
기 억 할
것 인 가

군터 카르스텐 지음
장혜경 옮김

갈매나무

훌륭한 기억력을 지닌 사람들의 공통점은
반드시 사물을 주의 깊게 관찰하는 사람이며
그것에 집중하고 훈련하는 사람이다.

데일 카네기(Dale Carnegie, 1888~1955)
미국의 작가

탁월한 기억력을 결정짓는 조건

이 책을 읽다 보니 1980년대 막스 플랑크 교육연구소에서 실시했던 한 연구 프로그램이 떠오른다. 그때 우리는 실험 참가자들에게 이 책에서 설명한 기억술 몇 가지를 가르쳤다. '장소법'(scene 35에서 다룸)과 '숫자 자음 코드화'(scene 37에서 다룸)를 결합시켜 가르치는 식이었다. 그런데 놀랍게도 한 70대 할머니가 8초 간격으로 보여준 120개의 숫자를 순서도 틀리지 않고 정확하게 다 외웠다. 물론 그녀는 30회의 훈련을 거치면서 가장 뛰어난 학습 잠재력을 입증해 보인 참가자였다.

물론 그 정도의 성과를 낼 수 없었던 참가자들도 있다. 하지만 전체적으로 볼 때 이 책에서 소개하는 학습 비법들은 어린 아이에서부터 고령의 노인에 이르기까지 다양한 연령층에서 효과가 크게 나타난다. 두 가지 전제조건, 즉 건강과 규칙적이고 의욕적인 훈련이 갖춰진다면 말이다.

근본적으로 학습은 음악이나 운동 능력을 익히는 것과 차이가 없다. 피아노를 잘 치면 트럼펫 배우기가 한결 수월하겠지만 피아

노만 배워서는 곧바로 트럼펫을 불 수 없다. 학습에 있어서도 그냥 '나쁜 기억력'을 하소연할 것이 아니라 기억이나 학습에 어떤 문제가 있는지 아주 구체적으로 설명할 수 있어야 한다. 말하자면 이름을 못 외우는 사람에게는 텍스트 이해력이 떨어지는 사람과는 다른 훈련 프로그램이 필요한 것이다.

학습 능력을 일상생활에서 유용하게 쓰고 싶다면 그 능력이 원칙적으로 어떻게 작동하는지 아는 것만으로는 충분하지 않다. 운동이 그러하듯 어떤 능력을 익히려면 아주 많은 훈련이 필요하다. 바람직한 경우에는 훈련 과정에서 자동적으로 학습 비법을 활용하게 될 것이다.

일단 그 단계를 달성하고 나면 스키 선수들이나 댄서들과 같은 경험을 하게 될 것이다. 아주 오래도록 운동을 하지 않아도 한번 배워서 갖추게 된 능력은 불러내기가 매우 쉽다. 예상과 달리 우리는 능력과 결합된 행동 방식을 거의 잊어버리지 않는 것 같다. 연구 프로그램을 마친 이후 나 역시 1년에 1~2회 정도 나의 기억술이 아직도 통하는지 시험을 해본다. 어쨌든 지금까지는 별문제 없이 잘 돌아가고 있다.

이 책의 저자는 기억력 분야의 세계 챔피언이다. 그러니까 우리 문화사에서 확실한 자리를 차지한 소수의 사람들 중 한 사람이라 하겠다. 그는 고대 그리스에서 시작하여 서양의 문화사 및 기술사에서 확고하게 자리매김한 기억술의 오랜 전통을 언급한다. 기억술의 역사에 대해 관심이 있는 사람이라면 특히 프랜시스 예이츠 Frances A. Yates의 《기억의 기술The Art of Memory》을 읽어보라고 권하고 싶다.

❊ ❊ ❊

과거엔 기억술을 마스터한 사람을 '기억의 예술가'라고 불렀다. 요즘엔 '기억력 세계 챔피언'이 최고의 호칭이다. 예술가라는 개념은 당시도 지금도 같은 의미이다. 창의력과 상상력을 발휘하여 놀라운 사고 이미지의 미학을 탄생시키는 사람! 창의력과 상상력은 탁월한 기억력을 결정하는 중요한 요인 중 하나이다. 이 책에서 소개하는 학습 비법들을 직접 시험해보면 당장 내 말이 무슨 뜻인지 이해할 것이다.

라인홀트 클리글Reinhold Kliegl

포츠담대학교 심리학과 교수

라이프니츠상 수상자

기억하는 것과 공부하는 것은 다르다

이 지구상에 숨 쉬는 법, 보는 법, 자는 법을 배우는 사람은 없을 것이다. 태어나면서부터 거의 자동적으로 해오던 일이어서 따로 배우지 않아도 너무나 잘할 수 있기 때문이다. 그러나 숨 쉬는 것과 기억하는 것, 공부하는 것에는 큰 차이가 있다. 우리는 우리의 조상들, 180만 년 전에 살았던 호모 에렉투스와 별 차이 없이 숨을 쉬고, 보고, 잠을 잔다. 반면 학습에 대한 요구 사항은 그 시대에 비해 급격하게 커졌으며, 우리의 타고난 학습 능력은 우리 사회의 최고 문화 자산으로 발전하기에 이르렀다. 우리는 보통의 경우 약 2만 5000시간의 공부를 마치고 학교를 졸업한다. 심지어 25년 동안이나 공부를 하고서야 겨우 일자리를 구하는 사람들도 많다. 졸업을 하면 그뿐인가? 취직을 해도 연수니, 교육이니, 자격증 시험이니 해서 공부는 끝날 줄을 모른다. 또 쉬지 않고 전문 서적을 읽어야 하고 신기술을 익혀야 하며 뒤처지지 않기 위해 열심히 배워야 한다.

이 막대한 임무를 당당히 마칠 수 있으려면 지금부터 다시 제대로 공부하는 법과 효율적으로 기억하는 법을 배울 필요가 있다. 지금까지 알려진 과학적 지식을 사용하고 효율적인 학습 방법과 기술을 활용하는 동시에 우리 인간이 진화를 통해 쌓아왔던 모든 정신적 능력을 총동원해야 한다.

바로 이것이 이 책의 관심사이다. 이 책의 목표는 평범한 호모 사피엔스가 고도로 진화한 정보사회의 요구에 발맞춘 '호모 스투디오수스Homo studiosus'로 거듭날 수 있도록 도와주는 것이다.

두뇌를 최대로 활용하는 방법

48가지 기억법 및 학습 비법을 다섯 개의 부에 나누어 실었다. 반드시 처음부터 차근차근 읽어야 할 필요는 없다. 가장 재미있고 호기심이 발동하는 비법부터 시작해도 된다. 이미 알고 있거나 활용 중인 비법이 있다면 안심하고 지나가도 된다.

각 부는 비슷한 형식으로 구성되었다. 학습 비법들에 대한 잠깐의 설명이 나오고 그 뒤로 자세한 설명이 이어진다. 이해를 돕기 위해 다양한 사례와 실험 결과들, 그리고 내 주변에서 있었던 일화들도 첨가했다.

최대한 상세하게 설명하려고 노력했지만 48가지 기억법 및 학습 비법을 모두 자세하게 다루기에는 지면상 어려운 점이 많았다. 그러므로 자신에게 잘 맞을 것 같은 방법을 발견했다면 그와 관련된 자료를 찾아보고 조금 더 공부하기를 바란다. 자신이 직접 나서서 찾아보면 더 흥미를 느낄 수 있을 것이고, 활용 가능성에 대해 좀 더 현실적으로 고민하게 될 것이다.

책을 읽다 보면 수면이나 감정이 학습의 기초로 여러 차례 활용되고 있다는 사실을 깨닫게 될 것이다. 이 요인들이 워낙 기억법과 학습에 큰 의미가 있으며, 여러 가지 측면에서 도움을 주기 때문이다. 사실 48가지 방법은 완전히 분리될 수 없다. 일부는 서로 겹치기도 한다(예를 들어 마인드매핑은 시각화 방법과 관련이 있다).

학생이든 대학생이든 직장인이든 관계없다. 모두가 이 책의 방법을 통해 실력을 키울 수 있고 두뇌를 최대로 활용할 수 있다. 아침부터 밤까지 쉬지 않고 달달 외우거나 방에 틀어박혀 책만 죽어라고 보는 책벌레가 되어야 두뇌를 최대로 활용할 수 있는 것이 아니다. 방법과 기술, 전략과 지식이 있다면 상대적으로 쉽게, 남들보다 훨씬 효율적으로 학습할 수 있다.

어떻게 공부할 것인가

이야기를 본격적으로 시작하기에 앞서 이 책에서 소개하는 기억법과 학습법이 연령을 초월하여 얼마나 큰 성공을 불러왔는지, 지금껏 내가 만난 몇 사람의 성공 사례를 통해 소개해볼까 한다.

킴, 8세

내 딸 킴은 전류와 전기 단원을 배운 후 쪽지 시험을 앞두고 단원의 요점을 열 가지로 정리해 열심히 외웠다. 하지만 외울 때마다 열 개 중에서 네다섯 개는 기억을 못했다. 딸이 상심해 포기하려고 하여 나는 몇 가지 주제에 맞는 학습 비법을 가르쳤다. 아이는 다시 의욕을 갖고 공부를 시작했고 다음 날 아침 환한 얼굴로 열 가지 요점을 다 외웠다. 그리고 며칠 후 학교에서 신나게 달려와 100점을 받은 시험지를 내게 내밀었다.

클레멘스, 17세

고등학생인 클레멘스는 그동안 배운 철학 과목의 모든 핵심 내용을 변형, 연상, 장소화 방법을 사용해 공부했다. 150개가 넘는 정보, 유명한 철학자의 이름, 그들의 이론, 논리, 유명한 명언 등을 그 방법으로 저장했다. 당연히 철학 과목에선 항상 'A'를 놓친 적이 없다.

보리스, 23세

정보학과 대학생 보리스는 경영학을 부전공한다. 시간이 부족하기 때문에 시험이 닥치면 공부할 강의노트, 교재 등을 금요일에 마련해 주말 동안 공부를 마친다. 장소법을 많이 이용하는데 과목당 약 200~300개의 기억 지점이면 된다. 그러면 'A'는 떼놓은 당상이라고 그는 말한다. 그는 궁금해한다. '나는 주말이면 다 마치는 공부를 왜 다른 친구들은 몇 주씩 투자하는 걸까?'

미하엘라, 38세

나의 아내 미하엘라(과거에 잘나가는 기억력 선수였다)는 아이들을 키우느라 한참 동안 일을 쉬었다가 한 엑스레이 기계 판매 회사에 국제 세일즈 매니저로 다시 취직했다. 워낙 전문 분야라서 일단 취직을 해놓고는 집에서 두세 달 동안 일에 필요한 여러 가지 공부를 시작했다. 예전에 사용했던 학습 기술을 이용했는데, 특히 메모매핑 방법을 많이 애용했다. 이 책에서 소개한 중요한 학습의 기본 원칙들도 당연히 잊지 않았다. 아내는 두 달 후 상사에게 가서 테스트를 요청했고 상사는 아내의 성적에 벌린 입을 다물지 못했다. 15년 회사 역사상 그렇게 빨리 필요한 정보를 익힌 사람은 그녀가 처음이었다면서 말이다.

스웨 추이, 58세

몇 년 전 아시아 기억력 대회에서 믿을 수 없는 기억력 소유자를 만난 적이 있다. 60세에 가까운 한 남자가 1774페이지에 달하는 옥스퍼드 사전을 다 암기하고 있다고 주장했는데, 그의 실력을 검증하는 일을 내가 맡게 된 것이다. 그는 알 수 없는 미소를 지으며 사전을 들고 와서 내게 아무 단어나 선택하면 자기가 번호와 (모든 단어에 번호가 매겨져 있었다) 내용을 말하겠노라고 했다. 나는 정말로 아무 단어나 하나 골랐고, 그는 2~3초 동안 생각하더니 정확한 번호와("그건 3만 7394번째 단어입니다."라고 말했다) 정확한 내용을 줄줄 읊었다. 모든 질문에 그는 한 점의 실수도 없이 완벽하게 대답했다. 놀라웠다. 그 역시 이 책에서 소개하는 학습 비법과 기억 전략을 사용하고 있었다. 키워드, 장소 등을 이용한 방법들 말이다.

이 일화들이 당신의 의욕을 자극했기를, 그리하여 이제부터 호기심을 품고 재미난 모험 길에 오르기를 바란다. 그럼, 이제부터 시작해볼까?

기억력, 과학에게 묻다

scene 01 계열위치 효과를 활용하라

계열위치 효과 기억력 연구에서 가장 많이 알려진 효과 중 하나가 계열위치 효과이다. 여러 가지 정보를 얻을 경우 일정한 시간이 지나면 첫 부분과 끝 부분의 정보가 주로 기억에 남는 현상이다. 효율적인 학습을 위해 꼭 알아두어야 할 사항이다.

사실 우리는 이런 계열위치 효과serial position effect를 경험으로 이미 알고 있다. 강의나 연설을 들으면서 누구나 한 번쯤 느꼈을 테니 말이다. 강의나 연설의 내용 중에서는 보통 앞부분과 끝 부분이 가장 또렷하게 기억에 남는다. 강연하는 사람들이 강의를 어떤 말로 시작할 것인가를 두고 머리를 싸매는 이유도 그 때문이다.

초두 효과와 최신 효과

계열로 제공된 정보, 다시 말해 차례차례 제공된 정보는 똑같이 기억에 남는 것이 아니라 위치에 따라 더 잘 기억되는 것이 있고 그렇지 못한 것이 있다. 이런 기억 현상은 지난 몇십 년 동안 과학적으로도 이미 입증된 사실이다. 이 효과는 초두 효과primary effect와 최신 효과recency effect로 나누어 살펴볼 수 있다. 초두 효과란 처음 제시된 정보가 나중에 제시된 정보보다 기억에 훨씬 더 큰 영향을 주는 현상을 뜻하며, 최신 효과란 반대로 나중에 제시된 정보를 더 잘 기억하는 현상을 일컫는다.

그런데 이런 효과는 짧은 시간 안에 얻은 정보(단어 리스트나 강연 등)에만 해당되는 것이 아니라 한 학기의 강의 내용에도 적용된다. 기말 시험을 칠 때 학기 초나 학기 말에 배운 내용보다 학기 중간에 배운 내용에 대한 질문에 답을 더 못 하는 것도 그 때문이다.

자, 그러면 과학적 설명보다는 학습 효과를 높이기 위한 실용적 정보에 역점을 두고 이런 기억 현상에 대한 요점을 몇 가지로 정리해보자.

- 학습 내용의 범위가 넓고 분량이 많을 경우 중간 부분을 더 집중적으로 외우고 더 자주 반복해야 한다.
- 교재의 중간 부분에 이르면 집중력이 떨어지기 쉬우므로 특별히 힘을 내서 스스로 의욕을 고취시켜야 한다.
- 프레젠테이션, 강의 등을 계획할 때 중요한 정보라면 시작과 끝에, 중간에는 흥미로운 정보를 배치한다. 중간에 재미있는 일화나 유머를 끼워 넣어 떨어진 기억력을 끌어올리는 것도 필요하다.
- 학습이 끝날 무렵에는 배운 내용을 요약한다(가령 수업 시간에는 교사가 한 학생을 일어나게 해 그 시간에 배운 내용을 짤막하게 요약해보라고 시키고, 대답하는 학생이 잘못 이해했거나 빼먹은 부분이 있으면 다른 학생들이 보충하도록 한다).
- 학습의 시간이나 분량은 모두 잘게 나눈다. 그래야 초두 효과와 최

신 효과를 최대한 활용할 수 있다. 집중력을 요하는 학습의 경우엔 30~45분을 넘지 않아야 한다. 매우 흥미롭거나 집중이 꼭 필요하지 않은 내용인 경우엔 최대 90분까지 연장할 수 있다.

실제 실험 결과를 바탕으로 만든 아래의 그래프는 계열위치 효과를 확실하게 보여준다. 또한 이 그래프는 앞으로 설명할 여러 학습 비법이 중간에 학습한 내용을 망각할 가능성을 현저히 낮출 수 있다는 사실도 보여주고 있다.

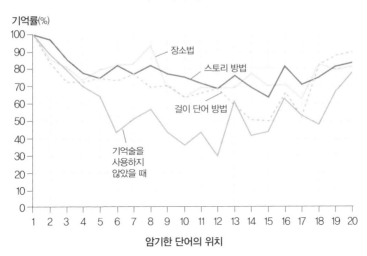

초두 효과와 최신 효과

피실험자들에게 총 20개의 단어를 7초 간격으로 제시했다. 그래프의 곡선은 각 기억법을 사용하였을 때 단어의 위치에 따른 기억률을 보여준다.

NOTE

앞으로 설명할 기억법을 잘 활용한다면 더 신속하게 더 많은 단어를 기억할 수 있을 것이다. 지금까지의 세계 기록은 15분 만에 300개의 단어를 순서까지 틀리지 않고 외운 것이다. 그러니까 단어 한 개를 외우고 말하는 데 3초가 걸린 셈이다.

 그러므로 학습을 할 때 항상 이 첫 부분과 끝부분의 기억 효과를 염두에 두고 한껏 활용해보자!

LAB   실험 결과 ────────────────────────────

미국에서 실시한 실험이다. 실험 참가자들에게 7초 간격으로 20개의 단어를 보여주고 최대한 많은 단어를 기억하라는 과제를 내주었다. 앞서 살펴본 그래프에서 볼 수 있었듯이 모든 기억법에서 계열위치 효과가 나타났다(다시 말해 앞부분의 단어와 뒷부분의 단어를 기억할 확률이 높았다). 또한 '평소처럼', 즉 기억법을 활용하지 않은 채 암기할 경우에는 중간 부분에서 기억력이 현저하게 떨어졌다. 하지만 특수 기억법을 활용한 경우에는 중간 부분의 단어를 기억한 비율도 눈에 띄게 높아졌다. 특히 단어의 순서까지 알아맞히는 실험에서는 기억법의 사용 여부에 따라 차이가 두드러지게 나타났다. 기억법을 활용하지 않은 경우 중간 부분의 단어는 거의 기억하지 못했다. 하지만 효과적인 장소법을 활용하였더니 단어를 보여준 후 곧바로 물어본 실험에서는 150퍼센트, 단어를 보여준 지 24시간이 지난 후 물어본 실험에서는 350퍼센트까지 기억률이 향상되었다.

────────────────────────────

scene 02 '시간'과 '노력'에 약한 인간 본성

시간 노력 원리 학습 효과는 학습법의 효과적 활용 이외에 다른 두 가지 요인에 달려 있다. '시간'과 '노력'이다. 보통 학습량은 학습에 투자한 전체 시간 및 인지력의 강화 (노력)에 비례해 늘어난다.

'시간 노력 원리'는 과학적 연구의 결과이고 또한 너무나 자명한 진리이다.

> 학습에 시간을 많이 투자할수록 학습의 양이 늘어난다.
> 학습에 많은 노력을 기울일수록 역시 학습의 양이 늘어난다.

너무나 당연한 이치지만 다시 한번 힘주어 강조하고 싶다. 이유는 두 가지이다. 첫째, 이 원리는 그간 수많은 과학 연구의 대상이었기 때문이다. 둘째, 많은 사람들이 바로 이 '시간'과 '노력'이라는 두 가지 요인과 대면할 때 약한 모습을 보이기 때문이다.

시간 노력 원리

학습량이 늘어나면 학습에 필요한 시간도 늘어난다는 사실을 모르는 사람은 없을 것이다. 뇌가 학습 내용을 받아들여 소화하고, 그것을 단기간 혹은 장기간 저장하려면 시간이 필요하다. 그런데도 시험 하루 이틀 전에 미친 듯이 공부하면 다 외울 수 있다고 생각하는 사람들이 얼마나 많은지 모른다. 물론 그렇게 해서 잘 칠 수 있는 시험도 있다. 하지만 깊이 있는 이해, 새로운 정보를 이용한 창의적이고 주도적인 사고, 장기적인 기억은 그런 방법으로는 절대 불가능하다.

전체 학습 시간의 분배가 학습 능률에 어떤 영향을 미치는지는 아직 명확하지 않다. 50년 전 미국의 심리학자 부겔스키[B. R. Bugelski]는 소위 '총 시간 가설[total-time hypothesis]'을 제기했다. 전체 학습 시간의 분배와 관계없이(예를 들어 20분을 공부하든, 10분씩 두 번 나누어서 공부하든, 5분씩 네 번 나누어서 공부하든) 학습 능률은 똑같다는 주장이었다. 하지만 이 학습 가설은 대부분의 경우에 맞지 않다. 뒤에서 더 자세히 설명하겠지만 학습 시간을 어떻게 분배하는가는 매우 중요한 의미가 있다(scene 20 참고). 이 점을 유의하라!

그런데 이렇게 학습에는 시간이 필요하다 하면, 이 시간 요인만 믿는 사람이 있다. 예를 들어 수업이나 업무를 마치고 집에 와서 서너 시간 공부하겠다는 계획을 세웠다고 가정해보자. 그런데 계획만 세워놓고 책을 들고 방에서 거실로, 거실에서 방으로 왔다 갔다 한다. 어떤 과목을 조금 공부하다가 재미없으면 다른 과목을 공부하는 식으로 변덕을 부리고 침대에 누워 뒹굴뒹굴한다. 또 볼륨을 크게 높여 음악을 듣거나 친구와 문자를 주고받는다. 그렇게 총

분히 집중하지 않은 채로 우리의 뇌세포를 모두 활용하지 않는다면 아무리 오랫동안 책을 붙들고 있다 하더라도 시간 낭비에 불과하다. 더구나 실험 결과를 보면 대부분의 사람들은 딴 곳에 팔린 정신을 다시 학습 주제로 되돌려 완전히 집중하기까지 약 15분이 필요하다고 한다.

뇌의 해부학적 차이

뇌를 최대한으로 활용하려면 노력이 필요하다. 평소 잘 훈련된 신체도 최대의 성과를 거두려면 긴장을 해야 하는 법이다. 공부를 할 때 우리는 가만히 앉아 있지만 우리의 뇌는 1.5킬로그램밖에 안 되는 무게에도(전체 신체 질량의 2퍼센트밖에 안 된다) 생존에 필요한 총 에너지의 20~25퍼센트를 소비한다. 이런 엄청난 소비량은 우리의 '고성능 컴퓨터'를 구성하는 최소 1천억 개의 뇌세포(뉴런)와 10조~100조 개에 달한다는 뉴런 접합부 시냅스를 떠올려보면 충분히 이해가 되기도 한다.

그렇다면 학습은 우리의 뇌에 어떤 효과를 가져올까? 예를 들어 남들보다 학력이 높거나 정신노동에 종사하는 사람들의 뇌는 그렇지 않은 사람의 뇌와 해부학적으로 어떤 차이가 있을까? 캘리포니아대학교에서 사망자 20명의 뇌를 연구한 결과 동물 실험에서 이미 확인된 바 있던 사실이 재차 확인되었다. 오랫동안 공부한 대학생의 뇌 신경망이 중도에 학교를 그만둔 사람보다 눈에 띄게 빽빽했던 것이다. 그뿐만이 아니었다. 성적이 월등하게 좋은 대학생의 신경망은 보통 성적의 대학생보다 더 촘촘했다. 물론 신경망의 높은 밀도가 우수한 성적의 원인인지 결과인지에 대해서는 단언할 수 없다. 실제로 칭찬이나 뛰어난 성적, 인정과 상장, 경제적 보상과 직업적 보상 등을 통해 성실하고 근면한 노력의 열매를 곧바로 거둘 수 있다면 뇌가 해부학적으로 변하든 변하지 않든 뭐가 그리 중요하겠는가. 다만 중요한 것은 학습에서도 만고의 진리는 통한다는 것이다. 땀 흘리지 않으면 대가도 없다는 진리 말이다!

LAB 노력의 힘

미국에서 6학년 학생 124명을 대상으로 실험을 해보니 노력이 학습 결과에 큰 영향을 미친다는 것이 드러났다. 같은 학습 내용을 전달하되 실험 대상의 절반에게는 내용을 TV 영화로 보여주었고 나머지 절반에게는 책으로 그 내용을 읽게 했다. 나중에 물어보니 책을 읽은 쪽이 TV를 시청한 쪽보다 훨씬 더 힘들었다고 대답했다. 하지만 시험을 친 결과는 책을 읽은 집단이 훨씬 좋았다.

scene 03 점화가 필요한 순간

점화 효과 뇌를 사전에 활성화하여 학습을 준비하는 것을 말한다. 기존의 지식을 불러내어 학습 내용에 필요한 질문을 만들어보면 뇌를 능동적인 모색과 이해의 모드로 바꿀 수 있다.

'점화priming'란 말은 '준비하다', '알리다'의 뜻을 가진 영어 'to prime'에서 나온 말이다. 기억 대상과 관련된 사전 경험을 통해 학습과 기억에서 선입견을 가질 수 있는 기억생리학적 현상을 일컫는다. 이런 사전 경험은 무의식적, 혹은 의식적으로 활성화되어 비슷한 정보를 더 쉽게 파악하고 처리하며 더 잘 기억하도록 도와준다.

이런 이유에서 학습을 시작하기 전에는 반드시 학습 준비를 마치고 정확하게 무엇을 배우고 싶은지 인지하는 것이 좋다. 학습 주제에 관한 기존의 지식을 떠올려 뇌를 활성화하고 머릿속으로(글로 쓰면 훨씬 더 좋다) 질문과 아이디어를 만들어보는 것이다.

가령 학생이라면 다음 시간에 무슨 과목을 배울지, 어떤 내용을 배우게 될지 잠깐 살펴보는 것만으로도 이해력이 쑥쑥 성장한다. 책을 읽기 전에 목차를 꼼꼼하게 살펴보는 것도 큰 도움이 된다.

선택적 집중력

점화 효과priming effect가 나타나는 이유는 비슷한 정보를(대부분 장기기억에서) 점화할 경우 그에 해당하는 신경망이 뇌에서 이후에 들어오는 유사 정보를 더 빨리, 더 쉽게 받아들이기 때문이다. 그리고 그를 통해 선택적 집중력이 높아진다. 하지만 점화 효과는 오래가지 않는다. 활용 방식에 따라 몇 초로 끝날 수도 있으며, 길어야 24시간 지속된다.

> **NOTE**
>
> 누군가의 질문에 대답을 하거나 누군가에게 재미있는 정보를 알려줄 때 나는 항상 점화 효과를 노린다. 그렇게 하면 상대가 새로운 정보를 더 잘 받아들이고 오래 기억할 수 있다. 한번은 우리 아들이 70억은 얼마나 큰 숫자냐고 물었다. 나는 잠시 고민하다가 아이에게 1부터 70억까지 1초 간격으로 세어보라고 시켰다. 아이가 20까지 셌을 때 나는 중지시키고 이렇게 계속 세면 70억을 다 셀 때까지 얼마나 걸릴 것 같은지 물었다. 아이가 말했다. "오늘 저녁까지는 다 셀 거야." 하지만 온 가족이 모여 어림잡아 계산을 해보니 놀라운 결과가 나왔다. 200년이 더 걸린다는 결과였다.

이런 점화 효과는 지극히 자연스럽게 나타난다. 예를 들어 이제 곧 엄마, 아빠가 될 사람들은 자기도 모르는 사이 유모차나 이유식, 기저귀에 자연스레 눈길이 간다. 혹은 이해를 돕기 위해 점화 효과를 의도적으로 이용하는 경우도 있다. 신문이나 영화 잡지에 실린 영화 소개 기사를 읽는 이유는 극장에서 돈을 내고 보는 영화를 조금 더 잘 이해하기 위해서이다. 신문 1면의 기사 제목 역시 그 밑에 따라올 기사 내용을 점화, 즉 미리 준비시킨다.

지금 이 책의 각 장마다 어울릴 만한 재미있는 제목과 이미지를 고르는 나도 점화 효과를 노리는 것이다. 제목을 보고 독자들이 내용을 짐작하고 준비하도록 도와주려는 목적으로 말이다.

LAB   비슷한 정보의 활성화

점화 효과는 다음과 같은 실험을 통해 과학적으로 입증되었다. 컴퓨터 모니터에 뜬 단어(예를 들어 '퓨마', '블고르', '탑', '토끼' 등)를 실험 참가자들에게 보여주면서 그것이 단어인지 아닌지를 최대한 빨리 판단하게 했다. 반응 시간을 측정하였더니 '퓨마'라는 단어에 대해서는 그 전에 비슷한 의미의 단어 '호랑이'를 보여준 경우(의미론적 점화 효과) 반응 속도가 더 빨랐다. 마찬가지로 '토끼'라는 단어에 대해서는 그 전에 '탑'이라는 단어를 보여주었을 때보다 비슷한 소리의 단어 '도끼'를 보여준 경우(음성학적 점화 효과) 반응 속도가 더 빨랐다. 이렇듯 비슷한 정보의 활성화는 이어 따라오는 정보 처리 과정을 가속화할 수 있다.

scene 04 결국 감정이 결정한다

감정 감정은 학습에 매우 중요하다. 촉매처럼 우리의 학습 과정을 촉진시킬 수 있다. 여기서 감정이란 두 가지를 이야기한다. 하나는 학습을 하는 동안의 감정 상태이고 다른 하나는 학습 교재에 담긴 감정적인 요인들이다.

안타깝게도 대부분의 사람들은 학습에 미치는 감정의 영향력을 잘 알지 못한다. 학습을 앞둔 자신의 감정 상태가 어떤지도 모르며, 자신의 감정을 긍정적으로 조절하려는 노력을 기울이지도 않는다. 그저 열심히 정해진 시간만 투자하면 학습 효과가 좋아질 것이라고 막연히 생각한다. 권태나 의욕 상실, 스트레스, 압박감 같은 감정이 학습 능률을 급격하게 떨어뜨릴 수 있다는 사실을 모르는 것이다.

신경생리학의 연구 결과까지 들먹이지 않더라도 우리는 주로 감정 처리를 담당하는 특정 뇌 부위(해마와 편도체)가 있다는 사실을 잘 알고 있다. 이 부위가 학습에 매우 중요하다는 것은, 화학 물질(베타차단제)을 이용해 감정을 억제할 경우 실험 참가자의 기억력이 눈에 띄게 떨어졌다는 실험 결과를 통해서도 잘 알 수 있다. 또 해마가 완전히 제거되거나 파괴된 환자는 새로운 정보를 거의 저장할 수 없다는 것도 잘 알려진 사실이다.

요즘엔 기술이 좋아서 기능성 자기공명 단층촬영fMRT을 이용해 이 '감정 부위'의 활성화만 살펴보고도 실험 참가자가 학습 내용을 기억할지 못 할지를 미리 예견할 수 있다.

놀랍게도 긍정적인 정서는 학습 효과를 네 배나 끌어올릴 수 있다. 다섯 살 된 딸 킴이 단어를 외우는 모습을 보면 정말로 그렇다. 의욕이 없으면 20분 동안 서너 개의 단어도 못 외우면서 짜증을 내지만 기분이 좋으면 같은 시간에 열 개, 열다섯 개, 스무 개까지도 외울 수 있다.

또 대부분의 사람들이 믿으려고 하지 않지만 우리는 감정을 의식적으로 조절하여 효율적인 학습 상태에 도달할 수 있다. 여기 몇 가지 방법이 있다.

- 기분이 나쁜 상태에서 학습을 시작하지 마라. 일단 음악이나 운동, 재미난 책, 몇 분의 TV 시청으로 기분을 푼 다음 공부를 시작하는 것이 좋다(실험을 해보니 몇 분 동안 웃기는 영화를 본 후에는 학습 능률이 눈에 띄게 좋아졌다).
- 눈을 감고 마음속으로 긍정적인 이미지를 그리면 기분이 좋아진다. 공부를 할 때마다 시작하기 전에 몇 분 정도의 시간을 내서 기분을 좋게 만들어보자(나는 기억력 대회 때마다 이 방법을 이용해 큰 성공을 거두었다. 30초만 투자해도 항상 미소를 지으며 대회에 임할 수 있다).
- 긍정적인 신체 동작 역시 기분을 푸는 데 도움이 된다. 예를 들어 양

팔을 위로 쭉 뻗거나 엄지손가락을 세워보라. 요가나 기공 등에서 흔히 하는 동작으로 마음을 안정시켜도 좋고 그냥 입술을 끌어올려 활짝 웃기만 해도 효과가 있다.

• 누가 시켜서가 아니라 자신이 공부를 하겠다고 결심한 후에 시작하라. 학습을 다 마쳤을 때 돌아올 긍정적인 결과를 상상하라(성적이 오르거나 승진하는 것, 주위 사람들이 부러워하는 것, 지식을 활용할 수 있는 것, 다음 해외여행 때 외국어 실력을 뽐낼 수 있다는 것 등).

이 방법들을 최대한 활용하면 솟구치는 학습 효과에 스스로도 깜짝 놀랄 것이다. 감정이라는 학습 요인이 효과적인 학습의 기초를 닦아주며, 그를 통해 학습 내용의 맥락을 파악하고 그 맥락의 강물에 푹 빠져들도록 도와줄 것이기 때문이다. 또 거기서 더 나아가 내가 '하이킥'이라 부르는 감정 상태에도 조만간 돌입하게 될 것이다. 자신의 이해력과 지식에 스스로 매료되고 감탄하게 되는 상태에 말이다.

자전거를 탄 코끼리

학습에 영향을 미치는 감정은 또 있다. 학습 교재의 감정적 요인이다. 실제로 학습 교재에 감정이 담겨 있고, 그 감정이 학습하는 사람에게 옮겨지는 경우 학습 효과가 더 높았다. 반면 매우 중립적이고 건조하며 추상적인 교재는 이해하기도 힘들뿐더러 기억하기도 어려웠다.

그렇다면 어떻게 감정을 학습 교재에 투입할 수 있을까? 가장 쉬운 방법은 학습 내용을 내 생활에 의미 있는 것으로, 내 일상에 적용할 수 있는 구체적인 정보로 만드는 것이다. 예를 들어 이렇게 묻는 것이다. 이 화학 반응을 외우면 어떤 상황에서 도움이 될까? 내가 이 암산법으로 후딱 계산을 해버리면 슈퍼마켓 아줌마는 얼마나 당황해할까? 믿었던 사람에게 배신을 당한 이 황제는 어떤 기분이었을까? 이 물리법칙을 외우고 있으면 혹시 조난을 당했을 때 목숨을 구할 수 있을까?

　흔히 학습 능률이나 기억력을 테스트할 때는 짝을 이룬 단어들을 제시하고 그것을 주어진 시간 안에 최대한 많이 외워야 풀 수 있는 문제를 낸다. 일정한 시간이 지난 후 짝을 이룬 단어 중에서 한 단어를 제시하고 실험 참가자에게 짝이 되는 다른 단어를 말하게 하는 것이다. 예를 들어 '코끼리-자전거'가 한 쌍의 단어였다고 치자. 아무 감정 없이 코끼리와 자전거를 따로따로 외우면 나중에 그 두 단어가 짝이었다는 사실을 기억하기가 힘들다. 하지만 코끼리가 자전거를 타고 즐겁게 노래를 부르면서 달리는 장면을 눈앞에 그리면서 미소를 지었다면 외우는 과정도 재미있을 것이고, 나중에 기억해내기도 훨씬 쉬울 것이다.

LAB 긍정적인 정서는 학습 효과를 끌어올린다

중립적인 단어를 중립적인 기분, 부정적 기분, 긍정적 기분 상태에서 외우게 하는 실험을 하였다. 실험 결과 긍정적 기분일 때(중립적이거나 부정적 기분이었을 때와 비교해) 기억력이 50퍼센트 높았다.

scene 05 너무 낮지도, 높지도 않은 각성 상태

여키스-도슨 법칙 학습이나 시험에서 최적의 상태는 이완과 긴장 중간에 있는 각성 상태이다. 너무 높지도, 너무 낮지도 않은 각성 상태가 학습 능력에 가장 바람직한 영향을 미친다는 것이다. 이것은 이미 100년 전에 과학적으로 입증된 사실이다.

학습심리학에서 보편타당하다고 널리 인정을 받는 몇 가지 법칙 중 하나가 바로 '여키스-도슨 법칙Yerkes-Dodson Law'이다. 이들은 인간의 능률이 각성 상태에 좌우된다는 사실을 밝혀냈다. 각성 수준이 너무 낮아서도 안 되지만 너무 높아서도 안 된다는 것이다. 다시 말해 축 처진 권태의 상태나 무관심 상태도 좋지 않지만 의욕이 지나치거나 두려움이 너무 심한 상태, 혹은 기분이 너무 좋거나 행복해서 못 견딜 것 같은 상태에서도 학습 능률은 떨어진다고 한다.

다음 도표에서 우리는 이런 학습 능률과 각성 상태의 관계를 확인할 수 있다. 이와 함께 효과적인 학습에 필요한 각성 상태는 학습의 난이도에 따라 달라진다는 사실도 알 수 있다.

과제가 쉬우면 자신을 더 채찍질해야 한다. 그래야 잠재 능력을 더 발휘할 수 있다. 어려운 과제의 경우엔 느긋한 마음가짐을 갖도

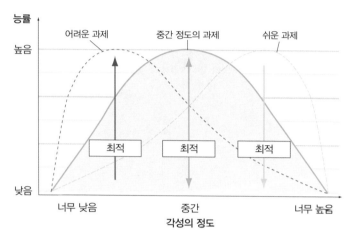

여키스-도슨 법칙

능률과 각성 상태 및 난이도의 관계. 세 가지 곡선을 통해 우리는 최적의 각성 상태는 과제의 난이도에 따라 달라진다는 사실을 확인할 수 있다. 예를 들어 쉬운 과제에는 각성의 정도가 높은 편이 더 유리하다.

록 노력해야 한다. 시간이 흐르면서 저절로 각성의 정도가 높아질 것이기 때문이다.

따라서 학습을 할 때는 항상 어떤 마음가짐이 필요한지 살펴야 한다. 너무 낮은 각성 상태나 너무 높은 각성 상태는 피하는 것이 좋다. 각성 상태를 가다듬는 방법에 대해 좀 더 알아보기로 하자.

마음의 자유

과제가 자신의 지적 수준에 못 미칠 경우 사람들은 권태로움을 느끼게 된다. 이럴 땐 과제의 수준을 높이거나 과제 해결의 시간을 줄일 필요가 있다. 피곤하거나 지쳐서 각성 상태가 떨어진 경우에는 잠깐이라도 긴장을 높여주는 운동을 하거나 찬물로 샤워를 한다. 의욕이 떨어졌을 때는 과제를 해결한 다음에 돌아올 이익이나 장점을 최대한 구체적으로 눈앞에 그려본다.

반면 실패의 두려움이 크거나, 시간이 너무 촉박하거나, 성과를 내고 싶은 욕심이 과할 때 긴장이 과도하게 고조된다. 머리가 멍해지거나, 심하면 '초킹choking'이라 부르는 호흡장애로 이어질 수 있는 상태다. 이럴 땐 명상이나 긴장 완화 훈련이 필요하다. 숨을 깊이 들이쉰 다음 최대한 참았다가 천천히 내뱉는 것도 좋다. 그렇게 하면 뇌에 산소가 떨어지면서 과도한 행동에 제동이 걸린다. 또한 생각을 바꾸는 것도 큰 도움이 된다. 그렇게 열망하는 성공도 지나고 나면 그렇게 대단한 것이 아니라는 만고의 진리를 되새기는 것이다.

NOTE

2007년 바레인에서 3일 동안 열렸던 세계기억력선수권대회에 참가하여, 마지막 열 번째 종목을 눈앞에 두고 있었다. 지난 10년 동안 기억력 세계 챔피언 자리를 노렸지만 그때처럼 그 목표가 손에 잡힐 듯 가까이 다가온 적이 없었다. 그때까지의 종목을 모두 우수한 성적으로 통과해 합산 점수에서 상당히 앞서가고 있었던 것이다. 52장의 카드를 틀리지 않고 48초 이내에 기억하기만 하면 우승컵이 내 손에 들어올 순간이었다. 문제는 그때까지의 공식적인 내 최고 기록이 48초에 미치지 못한다는 것이었다. 그러니 조금이라도 손이 떨렸다간, 심장이 두근거리고 땀이 줄줄 흘렀다간, 분명 또다시 좌절하고 말 것이었다. 방법은 한 가지밖에 없었다. 긴장을 가라앉혀야 했다. 나는 눈을 감고 이 대회에서 우승하는 것이 제아무리 중요하다 해도 건강이나 가족, 친구, 음악, 자연 같은 내 인생의 소중한 것들에 비한다면 뭐 그리 대단할까 하고 생각했다. 그러자 마음이 차츰 가라앉으면서 긴장이 풀렸고 나의 뇌는 최고의 잠재력을 발휘했다. 덕분에 나는 47초 21의 기록으로 그토록 바라던 세계 챔피언의 자리에 오를 수 있었다.

scene 06 기억을 방해하는 기억

간섭 학습에서 말하는 '간섭'은 학습 정보 저장 과정에서 다른 정보에게 방해를 받는다는 의미이다. 학습 내용이 매우 유사하고 학습의 시간 간격이 짧을 경우 특히 이런 현상이 나타나기 쉽다. 이런 간섭 현상은 최대한 피하는 것이 좋다.

간섭interference은 라틴어에서 유래된 말로, '중첩' 혹은 '상호 영향'으로 번역할 수 있다. 보통은 물리학에서 많이 쓰이는 용어인데, 두 개 이상의 파동이 한 점에서 만날 때 중첩되어 진폭이 합해지거나 상쇄되는 현상을 일컫는다.

학습의 간섭 현상에 대한 연구는 이미 100년도 더 전에 실시되었지만, 학습심리학에서 간섭 현상이 갖는 의미는 아직 모르는 사람이 많다. 학습과 망각은 학습 및 기억 대상에 관한 정보뿐 아니라 다른 학습 정보를 통해서도 영향을 받을 수 있는데, 그 대부분은 악영향이다. 그러므로 학습에서는 '간섭'을 '기억 억제'로 바꾸어 쓰는 것이 더 정확할 듯하다. 그래야 학습에 미치는 악영향이 강조될 수 있을 테니 말이다.

순행간섭, 역행간섭, 동시간섭

우리는 일상생활에서 이런 현상을 많이 경험한다. 내용이 비슷한 책을 동시에 여러 권 읽거나 비슷한 장르의 영화를 연달아 관람할 경우 각각의 내용을 정확하게 구분하기 힘들다. 또는 등장인물이나 배우가 헷갈리기도 한다. 심한 경우 중요한 내용조차 기억나지 않을 때도 있다. 정보의 유사성과 정보 수용의 시간적 근접성으로 인해 장기 저장이 억제되거나 저지된 현상, 즉 간섭 현상이 나타나는 것이다.

간섭 현상은 흔히 순행간섭proactive interference과 역행간섭retroactive interference 두 가지로 나눈다. 이 역시 일상생활에서 쉽게 확인할 수 있는 현상이다. 전화번호가 바뀐 경험이 있는 사람이라면 새 번호를 머릿속에 입력하기가 쉽지 않다는 것을 잘 안다. 옛날 전화번호가 끈질기게 우리 기억으로 밀고 들어와 새 번호의 저장을 방해하는 것이다. 이러한 현상을 순행간섭이라고 부른다. 옛 정보가 새 정보의 학습을 가로막는 것이다. 그런데 마침내 새 전화번호를 확실히 외우고 난 후에는 갑자기 옛날 전화번호를 떠올리기가 힘들어진다. 이것을 역행간섭이라고 일컫는다. 새로운(배운) 정보가 옛(이미 우리 기억에 저장되어 있던) 정보의 소환을 방해하는 것이다.

학습에 부정적인 이런 현상을 입증하기 위해 비슷한 단어의 짝들을 외우게 하는 실험을 실시했다. 그 결과, 기억력이 떨어지는 가장 큰 원인은 시간 요인(단어들 간의 시간 차)도 있었지만, 무엇보다 외워야 하는 단어의 짝들이 서로 유사한 데 있었다.

이 실험 결과를 토대로 학습을 방해하는 간섭 현상을 최소화할 수 있는 매우 실질적인 학습 규칙 몇 가지를 정해보았다.

- 한 가지 주제를 집중적으로 학습한 다음에는 최대한 긴 휴식 시간을 갖는다(한 시간에서 서너 시간까지가 간섭 현상을 피하는 가장 바람직한 휴식 기이다).
- 학습량이 많아 그것이 불가능하다면 비슷한 주제를 이어(프랑스어 다음에 바로 영어를 공부하는 식으로) 학습하지 말고 전혀 다른 분야(물리학 다음에 영어)를 택한다.
- 장기기억에 저장된 유사한 정보를 학습 과정에 활용한다. 기억에 오랫동안 깊이 저장된 지식은 간섭 현상을 일으키지 않을 뿐 아니라 학습 능률을 극대화시켜준다.

또 한 가지, 매우 중요한 간섭 현상이 있다. 동시에 제시된 극도로 유사한 정보가 학습을 방해하는 현상으로, 나는 이를 동시간섭 simultaneous interference이라 부른다. 예를 들어 영어 선생님이 학생들에게 발음이 매우 비슷한 네 단어 'whole, haul, hole, hawl'을 가르치려 한다면 어떻게 될까? 선생님과 달리 이 네 단어 모두 낯설다고 여기는 학생들은 극도로 유사한 발음의 이 단어들을 접하며 심한 간섭 효과를 겪을 것이다. 'On the bridge stands a witch, which is rich' 같은 암기용 문장 역시 별 도움이 안 된다. 학생이 그 새로운 단어들과 의미 있게 연결시킬 수 있는 단 한 가지 단어도 확실히 장기기억에 저장하지 못하면 기억이 뒤죽박죽되는 건 불 보듯 뻔한 일이다.

따라서 앞의 학습 규칙에 한 가지를 더 덧붙여야 할 것이다.

* 여러 가지 면에서(음성학적, 내용적으로) 매우 유사한 새로운 정보는 동시에 학습하지 말고 차례로 학습해야 한다.

큰 시험을 앞두고 단기간에 엄청난 공부량을 소화해야 한다면 특히 위에서 언급한 네 가지 규칙을 염두에 두라. 더 많은 정보의 물고기가 기억의 그물에 걸려 빠져나가지 못할 것이다.

LAB 역행간섭 현상

1970년대 초에 이뤄진 한 실험에서는 피실험자들을 두 집단으로 나누어 시인의 삶을 소개한 산문 텍스트를 읽고 외우게 했다. 이어 한 집단은 매우 유사한 내용의 텍스트를 읽도록 했고 다른 집단은 성격이 전혀 다른 과학 텍스트를 읽게 했다. 그 후 두 집단 모두를 대상으로 첫번째 텍스트의 암기 정도를 테스트했다. 역행간섭 현상을 겪은 첫 번째 집단은 두 번째 집단에 비해 거의 50퍼센트나 기억력이 떨어졌다.

scene 07 마음속에 숨어 있는 해결의 의지를 이용하라

자이가르니크 효과 아직 완료하지 못한 것을 더 오래, 더 잘 기억하는 현상을 말한다. 불확실한 문제를 일정 기간(몇 시간 혹은 며칠) 풀지 않은 채 내버려두면 학습 효과가 향상된다는 것이다. 정답을 찾지 못한 질문은 뇌가 무의식으로 해결책을 모색하므로 더 확실하게 저장된다.

심리학자 자이가르니크^{Bljuma W. Zeigarnik}가 아직 대학생이던 시절 친구들과 베를린의 맥줏집에 가서 여러 가지 술과 음식을 시켰다. 그리고 한참 후 같은 웨이터를 불러 아까 먹었던 것과 똑같은 것을 달라고 주문하였더니 놀랍게도 웨이터는 누가 어떤 술을 마셨는지 정확히 기억했다. 시간이 흘러 술자리를 파하고 계산을 했는데 입구에서 다른 친구들을 또 만나게 되자 의기투합하여 술자리를 연장하기로 결정했다. 그래서 다시 한번 같은 웨이터에게 주문을 했는데, 이번에는 누가 어떤 술을 마셨는지 전혀 기억을 하지 못했다. 조금 전까지만 해도 완벽하게 기억하였던 내용을 말이다.

　1925년 러시아 심리학자 자이가르니크가 베를린대학교에서 연구 한 이 기억 효과를 제대로만 활용하면 기억력을 획기적으로 향상시킬 수 있다. 맥줏집에서 이 일을 경험한 후 호기심이 발동한 그녀는 몇 년에 걸쳐 이런 기억 현상을 학문적으로 연구했고, 실제로 이 같은 효과가 보편적으로 존재한다는 사실을 입증했다.

자이가르니크 효과 활용법

자이가르니크는 수백 명의 실험 참가자들에게 수학 문세, 공작, 그림, 글쓰기 등 전혀 다른 분야의 과제를 내주었다. 그리고 절반쯤 완성했을 때 중단시켜 다 끝마치지 못하게 만들었다. 잠시 후 실험자 참가자들이 배운 내용을 얼마나 잘 기억하는지 점검하였더니, 분야에 관계없이 완성하지 못한 과제나 행위를 완성한 것보다 더 잘 기억했다. 더 잘 기억하는 정도가 평균 두 배에 달했다.

과제를 중단하게 되면 그 과제를 겨냥한 인식이 긴장하게 된다. 그로 인해 뇌는 그 정보를 무의식적으로 계속 연상하고 분석하려 노력한다. 그래서 나중에 의식적으로 떠올릴 때도 더 기억이 잘 나는 것이다. 하지만 자이가르니크 효과는 여러 가지 요인의 영향을 받기 때문에 어떨 때는 강하게 나타나다가도 어떨 때는 약하게 나타난다.

자이가르니크 효과가 특히 강하게 나타나는 경우는 다음과 같다.

- 과제를 해결하고 싶은 내면의 욕구가 강할 때

- 과제를 해결할 수 있다고 확신할 때

- 시간이 촉박하지 않을 때

- 피곤하지 않을 때

- 과제를 해결하거나 완성하기 직전에 중단해 더 강한 인지적 긴장이

  유발되었을 때(과제를 너무 빨리 중단하면 아직 그 과제에 몰입된 상태가 아

  니므로 자이가르니크 효과가 나타나지 않는다.)

또한 자이가르니크 효과는 다음과 같은 사람들에게서 특히 잘
나타난다.

- 야망을 지닌 사람
- 어린아이

나는 자이가르니크 효과를 실험하다가 재미있는 부수 효과를 발
견했다. 실험 참가자들에게 쉬는 시간에 어떤 과제를 더 하고 싶은
지 물었더니 대부분이 미완성 과제를 선택했다. 그러니까 이미 완
성한 비슷한 과제에는 흥미를 느끼지 못한다는 이야기다. 우리 마
음속에 숨어 있는 해결의 의지는 이렇듯 학습의 불을 지필 수 있는
것이다.

물론 자이가르니크 효과가 항상 과학적으로 명확하게 입증될 수
있는 것은 아니다. 앞에서도 말했듯이 이 효과는 매우 복잡하여 수

많은 요인들의 영향을 받을 수 있기 때문이다.

그럼에도 나는 학습을 할 때만큼은 이 효과를 확신한다. 광고에서도 자주 이용되는 효과가 아닌가. 광고에서 해결책이나 요점은 항상 끝부분에 등장한다. 또는 1편에서는 변죽만 울리다 2편에서 진짜 하고자 하는 말을 던지는 경우도 많다.

LAB 소설을 끝까지 읽지 마라

예전에 내가 미국의 대학에서 공부를 할 때 3주 동안 문학 집중 수업을 들은 적이 있었다. 매일 공상과학소설 한 편을 읽고 다음 날 두 시간 동안 토론을 하는 수업이었다. 이런 유형의 과제에서도 자이가르니크 효과를 얼마든지 활용할 수 있다. 소설을 끝까지 다 읽지 않고 마지막(문제가 해결되는) 부분에서 멈추는 것이다. 그럼 뇌는 소설에 등장하는 이름과 핵심 개념, 사건을 더 잘 저장한다(나아가 무의식에서 소설 결말을 창의적으로 상상한다). 수학의 증명, 과학 실험 논문, 역사적 사건에 관한 기사 등을 읽을 때도 이 효과를 이용하면 효율성을 끌어올릴 수 있을 것이다.

scene 08 잠들기 몇 분 전에 일어나는 일

지식의 응고화 우리의 뇌는 특정 수면 단계에서 그날 배운 정보 중 가장 중요한 것들을 처리하고 저장한다. 이를 두고 '지식의 응고화'라 부른다. 그러므로 학습 내용 중 가장 중요한 부분은 잠들기 몇 분 전에 다시 한번 복습하는 것이 좋다.

공부는 낮에만 하는 것이 아니다. 잠을 자면서도 공부를 한다. 정확히 말하면 우리가 아니라 우리의 뇌가 공부한다. 낮에 배운 모든 내용은 우리가 잠을 자는 동안 뇌의 특정 부위에서 집중 처리 및 저장 과정을 거친다. 그곳이 바로 해마와 대뇌피질이다. 일단 모든 암기 내용은 해마에 잠시 저장된다. 해마는 대뇌피질과 꾸준히 교류하는데, 특히 우리가 잠을 자고 있을 때 활발하다. 그렇다면 대뇌피질에서는 무슨 일이 일어날까? 또 이런 해마와 대뇌피질 장기 기억 저장소의 교류는 얼마나 중요할까?

간단히 말해 이런 교류 과정에서 중요한 정보와 중요하지 않은 정보가 분리된다. 그리고 저장 가치가 높은 정보들만 대뇌피질로 이동하는데, 이것 역시 학습의 과정이다. 저장 가치가 낮은 정보들은 거의, 혹은 전혀 대뇌피질에 당도하지 못한다. 그래서 그런 정보들은 금방 잊어버리는 것이다. 반면 중요한 정보들은 우리가 잠을 자는 동안 해마 부위에서 신경 그물망 패턴 형태로 다시 활성화되어 마치 인쇄하는 것처럼 대뇌피질의 장기기억 저장소에 새겨진다.

그런데 자는 동안 어떤 정보를 저장할 것인지는 낮 동안의 각성 상태에서 이미 결정되는 것 같다. 말하자면 뇌가 중요한 정보에 '마킹'을 해놓았다가 우리가 잠이 들면 이 정보들을 처리하라는 신호를 보내는 것으로 이해할 수 있겠다. 일반적으로—학습 과정에서도—좋은 기분, 의미 부여, 반복이 그런 '마킹'에 영향을 주는 요인인 듯하다.

수면 중의 발견

충분한 숙면은 효과적인 학습에 매우 중요하다. '지식의 응고화'는 예전에 잘못 알았던 것처럼 REM^Rapid Eye Movement 수면 단계(이 단계에서 눈동자가 빠르게 움직이기 때문에 붙여진 이름이다)가 아니라 깊은 수면 단계에서 주로 일어난다.

또 최근 들어서는 수면 중에 정보가 응고화되고 저장될 뿐 아니라, 구조와 조직이 변화한다는 사실도 밝혀졌다. 그러니까 잠을 자는 동안 무의식적으로 문제의 해결책이나 창의적인 깨달음을 얻을 수 있다는 말이다. 아침마다 우리는 '더 지식이 풍부할' 뿐 아니라 '더 현명한' 사람으로 깨어날 수 있다.

한 실험에서 실험 참가자들에게 단순한 수열 계산 문제 세 개를 풀게 했다. 문제를 금방 풀 수 있게 해주는 간단한 규칙이 있지만 실험 참가자들에게는 그 규칙을 가르쳐주지 않았다. 그날 밤 한 쪽 집단은 여덟 시간 동안 잠을 재운 다음 추가로 열 문제를 풀게 했고, 다른 집단은 여덟 시간 동안 잠을 재우지 않고 문제를 풀게 했다. 놀라운 결과가 나왔다. 잠을 잔 집단은 59퍼센트가 규칙을 파악해 추가 문제를 쉽게 풀었지만 잠을 자지 않은 집단은 23퍼센트만이 규칙을 발견했다. 무려 두 배에 해당하는 수치의 차이가 난 것이다. 과연 잠이야말로 깨달음으로 가는 길이 아닌가!

위 실험으로 독일 학자 얀 보른Jan Born은 라이프니츠상을 받았다. 라이프니츠상은 250만 유로라는, 국제적으로 가장 많은 상금을 주는 상이다. 실제로 과학의 역사를 살펴보면 이런 '수면 중의 발견'에 해당하는 사례는 수없이 많다. 독일의 화학자 케쿨레Kekule는 벤젠의 고리 구조를 졸다가 발견했다고 한다. 러시아의 화학자 멘델레예프Mendeleev는 원소 주기율표의 결정적인 아이디어를 꿈에서 얻었다고 한다.

효율적인 학습 방법과 더불어 건강한 수면은 학습에서 매우 중요하다. 새벽까지 이어지는 파티, 음주, 수면제 복용은 건강을 해칠 뿐 아니라 학습 능률도 떨어뜨린다. 마지막으로 한 번 더 강조하지만, 낮에 배운 중요한 학습 정보를 잠들기 직전 꼭 다시 한번 요약하여 복습하길 권한다. 그렇게 하여 뇌에 신호를 보내는 것이다. 내가 잠을 잘 동안 특히 이 정보들을 집중적으로 처리하고 저장해달라는 신호 말이다.

NOTE

가장 바람직한 하루를 상상해보자. 하루 공부를 마치고 나면 저녁 식사를 하기 전에 오늘 배운 내용을 요약한다. 특히 중요한 핵심 단어들에 마킹을 한다. 가볍게 저녁을 먹고 산책이나 TV 시청, 혹은 게임, 운동 등을 한 후 잠자리에 든다. 잠자리 옆에는 오늘 배운 내용을 요약한 2~4페이지 분량의 공책이 놓여 있다. 이것을 집중해서 읽는다. 마킹한 단어를 읽으며 생각을 정리한다. 아마 10~15분 정도면 충분할 것이다. 오늘의 학습이 가져올 찬란한 내일을 상상하며('내일 아침 엔 오늘 마킹한 중요한 내용을 다 알 것이다, 시험에 합격할 것이다'라는 식으로) 긴장을 풀고 행복한 마음으로 학습의 형제, 수면에 몸을 맡긴다.

scene 09 뇌가 걸러내지 못하는 것

동일한 상황 공부를 할 때 우리의 뇌는 학습 내용만 따로 떼어 저장하지 않는다. 학습의 환경, 즉 외부의 상황과 내부의 상태도 함께 저장한다. 그러므로 학습 환경이 시험 상황과 유사할수록 기억력도 향상된다.

수업을 듣건 강연을 듣건 책을 읽건 인터넷 기사를 보건, 우리에게 그 정보만 입력되는 것이 아니다. 항상 외적, 내적 부수 정보가 동시에 밀려든다. 시험이나 학습과 직접적인 관련이 있는 것이 아니지만 우리의 뇌는 이것들을 완전히 걸러내지 못한다. 그래서 많은 부수 정보들은 기억이 짠 '학습의 그물'에 같이 얽혀 들어가서 학습 정보의 탄탄한 구성 요인으로 자리 잡는다. 그러니 거꾸로 이 부수 정보들을 시험장 같은 곳에서 학습 내용을 다시 불러내기 위한 수단으로 이용할 수 있는 것이다.

이런 의문이 들었다. 배경 소음이 있는 상태에서 공부를 했을 경우 시험을 칠 때 똑같이 배경 소음이 있는 편이 나을까, 아니면 조용한 편이 나을까?

침대에 누워 암기하지 마라

학습 과정에 미치는 이런 부수 정보의 영향을 외적 영향과 내적 영향, 즉 상황과 상태로 분류해보도록 하자.

상황의 영향

상황의 영향이란 외적 학습 환경이 학습에 미치는 영향을 말한다. 학습 과정에서 우리의 뇌가 많건 적건 무의식적으로 인식하는 모든 정보, 예를 들어 공간의 물건들, 빛, 소음(다른 사람의 목소리, 거리의 소음 등), 주변 사람들의 동작 등도 학습에 영향을 미친다. 그러므로 상황이란 학습의 외부 틀, 연관 관계를 의미한다.

놀랍게도 이런 부수 정보들은 학습 내용이 뇌에 저장될 때 매우 중요한 역할을 한다. 수많은 실험으로도 밝혀졌듯 기억할 당시의 상황(예를 들어 시험장 환경)이 원래의 학습 상황과 비슷할수록 학습 내용을 더 잘 떠올릴 수 있다.

이렇게 학습 상황이 학습에 지대한 영향을 미치는 이유는 무엇일까? 학습 상황이라는 부수 정보가 저장 단계에서 학습 정보와 끈끈하게 얽히기 때문이다. 기억 단계에서도 학습 때와 비슷한 상황이 강력한 매력을 발휘해 기억력을 높이는 것이다. 이런 현상이 선다형 문항 같은 지식 검증 실험보다는 주로 '자유 연상' 실험에서 입증되는 이유도 바로 그 때문이다.

그럼 이제 이 사실을 참고해 유익한 학습의 비법을 찾아보기로 하자.

- 중요한 시험일수록 시험 환경을 미리 알아보고 학습 환경을 최대한 시험 환경과 유사하게 조절한다. 특히 소음(시험장에서 음악을 들을 수 없으므로 공부를 할 때도 음악을 듣지 않기), 빛(시험을 낮에 칠 것이므로 밤에만 공부하는 습관을 바꾸기), 공간(시험장이 넓다면 도서관처럼 널찍한 공간으로 공부 장소를 바꾸기)에 신경을 쓴다.
- 장기적으로 환경을 바꾸는 것이 쉽지 않다면 전체 시험 내용을 집중적으로 복습하는 특정한 단계만이라도 비슷한 환경을 조성해본다.
- 그것도 불가능하다면 시험장에 들어가서 마음속으로 시험장이 평소의 학습 환경과 동일하다고 자꾸 되뇌어 자기암시를 건다.

상태의 영향

상태의 영향이란 학습을 할 때 개인의 상태가 기억 단계의 상태와 유사할수록 기억력이 높아지는 현상을 말한다. 학습에 중요한 상태로는 개인의 감정 상태, 자세, 껌을 씹는 동작, 알코올 농도, 미각 같은 것들이 있다. 예를 들어 알코올 중독자는 술을 마신 상태에서 배운 내용을 각성 상태에서는 전혀 기억할 수 없지만 다시 술이 들어간 상태에서는 쉽게 기억해낸다.

이를 바탕으로 다시 몇 가지 비법을 찾아보자.

- 공부를 할 때 긴장의 수준을 시험 때와 동일하게 유지한다. 느긋한 마음으로 공부한 내용은 두려움과 스트레스가 심한 시험 상황에서는 잘 기억나지 않는다.

- 침대에 누워 암기한 내용은 앉아서 시험을 볼 때 잘 기억나지 않는다.
- 공부할 때 좋아하는 초콜릿을 먹었다면 시험장에서도 초콜릿을 먹어야 한다. 만일 시험장에서 그럴 수 없다면 공부할 때 먹는 습관을 고쳐야 한다.

물론 살다 보면 학습 상황과 시험 상황을 항상 동일하게 유지할 수는 없다. 하지만 이런 영향을 항상 염두에 두고 있으면 학습 효과를 높이는 데 큰 도움이 될 것이다.

LAB   동일한 상황을 만들어라

미국의 한 실험에서 17세에서 56세까지의 피실험자들에게 2페이지짜리 글을 읽게 했다. 이때 두 집단으로 나누어 한쪽은 조용한 곳에서, 다른 쪽은 카페에서 읽게 했다. 이어 테스트를 했더니 다음의 네 가지 평균값이 나왔다.

정확한 대답 (10문항당)		학습 상황	
		정적	소음
테스트 상황	정적	6.7	5.4
	소음	4.6	6.2

학습 상황과 테스트 상황이 동일할 경우 학습 능률은 15~45퍼센트 향상됐다. 그중에서도 학습 상황이 조용하고 테스트 상황도 조용한 경우 테스트 성적이 가장 높게 나왔다.

또 다른 실험을 보자. 영국에서 40명의 실험 참가자를 대상으로 잠수를 가르쳤다.

모두가 잠수는 처음 배우는 사람들이었다. 이때 두 집단으로 나누어 한쪽은 물속에서 다른 쪽은 육지에서 수업을 진행했다. 그리고 시간이 지난 후 배운 내용을 테스트했더니 수업할 때와 동일한 환경에서 테스트를 진행한 경우 성적이 훨씬 더 좋았다.

scene 10 "나는 얼마나 빨리 배우고, 또 빨리 잊어버릴까?"

학습과 망각의 멱법칙 학습과 망각의 과정은 시간적으로 일직선이 아니라 멱함수 법칙을 따른다. 다시 말해 처음에는 빨리 배우고 빨리 잊어버리지만 시간이 갈수록 그 속도가 느려진다. 이 멱법칙을 이용하면 더 적은 시간을 투자해 더 효율적이고 효과적으로 학습할 수 있다.

"니는 얼마나 빨리 배우고 잊어버릴까?" 이런 질문에 선뜻 대답하기는 힘들 것이다. 학습 교재나 사전 지식, 사용한 학습 방법, 기분, 의욕 등 여러 가지 요인이 있을 수 있으니 말이다.

하지만 이미 밝혀진 사실에 따르면 망각은 시간적으로 '일직선' 형태를 보이며 일어나지 않는다. 우리는 같은 시간 안에 항상 같은 양의 학습 내용을 잊어버리지는 않는다. 즉 두 시간이 지나 공부한 내용의 10퍼센트를 잊어버리고 다시 두 시간이 지나면 또 10퍼센트(총 20퍼센트)를, 다시 두 시간이 지나면 또 10퍼센트(총 30퍼센트)를 잊어버리는 식이 아니라는 것이다. 우리의 망각은 그런 형태를 띠지 않는다. 수많은 연구 결과로 미루어볼 때 망각은 멱함수를 이용하면 가장 잘 설명할 수 있다. 즉 시간이 갈수록 같은 시간 안에 점점 더 적은 양의 내용을 배우거나 잊어버린다는 것이다.

아래의 그래프는 그런 형태를 잘 보여준다. 실험마다 조건이 다르기 때문에 시간 단위는 표기하지 않았지만 곡선의 흐름은 한눈에 알아볼 수 있을 것이다. 특히 첫 번째 시간 단위 내의 급격한 변화가 눈에 띈다. 이것은 현대 기억 연구의 아버지라 불리는 심리학자 헤르만 에빙하우스Hermann Ebbinghaus가 장기간에 걸쳐 자신을 대상으로 실험한 결과이기도 하다.

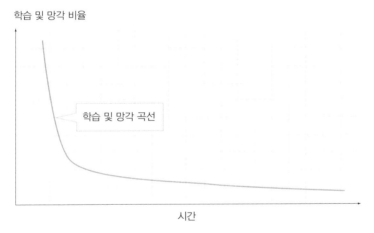

시간에 따른 학습 및 망각 비율

처음에는 많이 배우고 많이 잊어버리지만 시간이 갈수록 그 양이 줄어든다. 이런 전형적인 기억 및 망각의 과정은 멱함수 그래프와 닮았다.

이런 연구 결과를 바탕으로 그는 1885년경 현대 기억 연구의 초석을 놓았다. 요즘도 자주 인용되는 그의 실험 결과를 보면 학습한 정보의 50퍼센트는 20분 후면 잊힌다고 한다. 그렇지만 에빙하우스가 의미 없는 학습 교재로 실험을 실시했다는 점에 유의해야 한다. 그는 의미가 없는 짧은 철자들을 외운 다음 여러 시점에 자기

기억을 테스트했다. 사실 의미 있는 정보의 경우에는 초기 망각률
이 그만큼 높게 나타나지는 않는다.

예전보다 조금만 열심히 하면 될까?

자, 우리는 에빙하우스를 비롯한 다른 학자들의 이런 연구 결과를
바탕으로 어떤 학습 전략을 세울 수 있을까?

- 공부한 지 한두 시간 안에 학습 내용을 무조건 복습해야 한다.
- 시험을 치기 전에 학습 내용의 요점을 다시 한번 암기해야 한다.
- 학습 분량이 적으면 학습 분량이 많을 때보다 학습 속도가 현저히
  높아진다(기억을 할 때도 적은 분량이 유리하다).
- 복습, 즉 이미 배운 내용의 반복도 망각률을 떨어뜨리지는 못한다.
  자동차를 한번 세차했다고 해서 이후엔 천천히 더러워지는가? 같은
  이치다. 따라서 시간 간격을 점점 늘이면서 규칙적으로 복습하는 것
  이 꼭 필요하다.
- 한 달이 지나도 학습한 내용의 약 20퍼센트는 기억에 남는다. 한번
  배운 것(예를 들어 외국어)은 몇 년이 지난 후에도 처음 배우는 사람에
  비해 훨씬 빨리 배울 수 있다. 하지만 확실하게 익히지 않았거나 복
  습 시기가 너무 늦은 경우엔 전혀 기억나지 않을 수도 있다.

그런데 왜 학습률과 시간의 관계는 이런 모양의 곡선으로 나타날
까? 체조나 타이핑, 복잡한 운동 동작 등 몸으로 익히는 기술을 배

우는 경우 특히 초기의 속도는 매우 빠르다. 그러나 어느 정도 수준에 이르면 학습 효과가 정체되어 아주 많은 시간을 투자해야만 완벽한 기술 수준에 이를 수 있다. 파레토 법칙이 여기에도 적용된다. 빌프레도 파레토^{Vilfredo Pareto}는 19세기에 활동한 이탈리아의 경제학자인데, 상위 20퍼센트의 인구가 부의 80퍼센트를 소유한다는 사실에 주목했다. 그런데 이 20 대 80의 파레토 법칙은 다른 부문에서도 정당성이 확인되었다. 다시 말해 학습 분야에서도 20퍼센트의 시간 투자로 학습 내용의 80퍼센트를 배울 수 있다. 이 말은 학습 내용의 100퍼센트를—그러니까 남은 20퍼센트를 더—마스터하고 싶으면 지금까지 투자한 시간의 네 배, 즉 80퍼센트를 추가로 투입해야 한다는 뜻이다. 우리는 다음과 같은 결론을 내릴 수 있다.

- 시간을 효율적으로 활용해 학습 시간의 20퍼센트를 가장 중요한 부분에 투자해야 한다. 교재의 80퍼센트를 마스터했다면 보통 좋은 성적이 보장된다. 그러고 나면 이쯤에서 B에 만족하고 남은 시간을 다른 분야에 투자하는 것이 어떨지 고민해보아야 한다.
- 적은 시간을 투자해 B를 받았다고 자랑하면서 조금만 더 노력하면 A도 무난히 받겠다고 큰소리치는 것은 정말로 심각한 착각에 빠진 것이다. B와 A 사이엔 엄청난 시간과 노력이 가로놓여 있다.
- 학교에서든 직장에서든 최고점을 받은 사람과 우수한 평균점을 받은 사람은 천양지차다. 최고를 차지한 이들에게는 약간 더 많은 기회, 약간 더 많은 성공, 약간 더 많은 명예가 아니라 수십, 수백, 수

천 배 많은 기회와 성공과 명예가 기다린다. 어떤 분야든 스타들을 보라. 학자든 음악가든 경영자든 운동선수든 최고에겐 엄청난 보상이 돌아간다. 그러니 80퍼센트라는 그 엄청난 시간과 노력의 투자도 결국엔 다 헛되지 않은 것이다.

NOTE

에빙하우스Ebbinghaus라는 이 중요한 학자의 이름과 그의 업적을 쉽게 잊어버리지 않기 위해 몇 가지 정보로 당신의 기억을 돕고자 한다. 이 추가 정보는 또한 당신의 감정과 상상력을 활성화할 것이다(이에 대해서는 scene 13과 14에서 자세히 설명할 것이다). 에빙하우스는 몇 개의 언어를 자유자재로 구사하였지만 매우 가난했다(그의 계좌는 항상 '썰물Ebb'이었다). 때문에 그는 실험에 참여해줄 사람을 구하지 못했고, 결국 5년 동안 수십만 개의 철자를 혼자 '집Haus에서' 외웠다. 더구나 의미 없는 철자를 외우자는 아이디어는 당시 막 출간된 《이상한 나라의 앨리스》의 저자가 쓴 어떤 책을 읽고 머리에 떠오른 것이었다고 한다.

LAB   천재와 나의 차이

두 명의 대학생이(무려 100년이 넘어서) 에빙하우스 교수를 기리는 마음에서 그의 기억력 실험을 똑같이 반복했다. 결과는 놀라웠다. 두 대학생의 기억률과 망각률이 에빙하우스 교수의 그것과 거의 똑같았다. 에빙하우스는 천재로 칭송받던 사람이었다. 수개 국어를 마스터했고 심리학 분야에서 수많은 선구적인 업적을 남긴 인물이었다. 그런데 기억력만큼은 평범한 두 대학생과 다를 바 없었다니! 결국 인간의 '자연스러운' 기억은—사전 지식이 없거나 학습법을 활용하지 않는 경우—거의 차이가 없다는 추측이 가능하다.

한 학생의 성공 스토리

2008년의 어느 날, 하셈이라는 이름의 16세 소년이 용기를 내서 나한테 전화를 걸었다. 그는 내 책에서 학습 기술을 배워 사용해봤는데 효과가 아주 좋았다고 말했다. 특히 장소 학습법이나 키워드와 관련된 비법이 좋았다고 했다. 예전에는 공부를 잘 못했지만 지금은 성적이 상당히 올랐기 때문에 좋은 인문계 고등학교에 진학할 꿈을 꾸고 있다면서 말이다.

당시 그는 나한테 가끔 메일을 써서 다른 학습법도 배울 수 없느냐고 물었다. 성적이 눈에 띄게 좋아졌고 친구들과 기억력 겨루기를 해서 이겼다고 했다. 자신감이 생기고 친구들과 선생님들에게 인정을 받으면서 의욕이 커진 아이는 내 인생의 모토인 카이젠[1]을 무조건 자신의 것으로 만들고자 했다. 그리고 실제로 그렇게 했다.

그는 규칙적으로 메일을 써서 놀라울 정도로 향상된 성적을 알려주었다. 그리고 거기서 멈추지 않고 더 높은 목표를 잡았다. 실제 그는 대학입학자격시험에서 놀라운 성적을 거두었다. 그는 현재 의학을 공부하는 의대생이다.

---

1 '개선改善'이라는 한자의 일본식 표현이다.(역자 주)

2부

뇌가 좋아하는 창의적 기억 훈련

scene 11 우리의 뇌는 트랜스포머

추상적 정보의 변형 우리의 뇌는 구체적이고 명료한 정보를 좋아한다. 따라서 효과적인 학습을 위해서는 모든 추상적 정보를 좀 더 구체적이고 명료한 정보로 변형시켜야 한다. 그래야 우리의 뇌가 더 효율적이고 능률적으로 작업할 수 있다.

이제 기억의 저장 요인을 알아보자. 탁월한 기억력을 갖추는 데 매우 중요한 일곱 가지 정신적 요인이 있다. 모든 사람은 이 일곱 가지 요인을 언제라도 활용할 수 있다. 이 가운데 상당수는 3부와 4부에서 좀 더 자세하게 설명할 기억술과 학습법의 기초가 된다.

1988년부터 해를 거듭할수록 기억력이 급격하게 향상되면서 나는 이런 의문을 갖기 시작했다. 이런 기억력 향상에 나는 어떤 정신 능력을 활용하는 것일까? 실제로 학술서들을 읽어보면 성인은 훈련을 받아도 기억력이 보통 30퍼센트 정도밖에는 더 좋아질 수가 없다고 되어 있었다.

나는 나름의 분석을 통해 내가 지닌(믿을 수 없을 정도의) 능력이 일곱 가지 정신적 요인 덕분이라는 사실을 깨달았다. 한 가지씩 따로 떼어놓고 보면 학습이나 정보 저장 과정에 큰 영향을 미치지 못하지만, 이것들이 결합되면 엄청난 효과를 발휘한다. 아래 그림이 그 일곱 가지 정신적 요인을 나타낸 것이다. 나는 이것을 '기억 정신 요인의 헵타그램(헵타는 7, 그램은 메시지, 정보라는 뜻)'이라고 부른다.

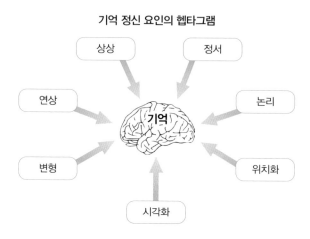

기억 정신 요인의 헵타그램

상상 　 정서

연상 　 기억 　 논리

변형 　 위치화

시각화

이 일곱 가지 정신적 요인은 우리의 기억력 향상에 매우 유익하다.

이 헵타그램을 이용하면 모든 정보를 더 쉽게 '소화'할 수 있고 더 많이 저장할 수 있게 된다. 물론 이 일곱 가지를 최대한 많이 활용해야 한다.

기억 정신 요인의 헵타그램

첫 번째 요인인 '변형'은 추상적이고 불명료한 정보를 구체적이고 명료하게 바꾸는 것을 말한다. 추상적인 숫자를 예로 들어보자. 예전만 해도 9와 11이라는 두 숫자를 보면 다들 별 감흥을 느끼지 못했다. 그러나 세계를 깜짝 놀라게 했던 그 테러 이후에는 누구나

이 두 숫자를 보면 금방 '9.11' 테러를 떠올릴 수 있을 것이다. 0, 0, 7 같은 숫자의 나열도 마찬가지로 쉽게 '007'로 바꾸어 암기할 수 있다. 대부분의 숫자는 아무 의미 없는 나열이기 때문에 암기하기가 쉽지 않다. 이럴 때 숫자 변형 시스템을 이용해 그 숫자를 우리에게 의미가 있는 것으로 바꾸어주는 것이다(scene 37에서 숫자를 빠르게, 쉽게, 재미있게 외울 수 있는 가장 효과적인 방법을 언급할 것이다).

이름과 전문용어, 어휘 역시 매우 추상적이다. 우리 기억에서 이런 정보는 철자들의 우연한 조합 이상의 의미가 없다. 따라서 이경우에도 평소 알고 있던 개념과 비슷하게, 최대한 구체적으로 변형시킬 필요가 있다(scene 36에서 키워드를 통해 변형이라는 저장 요인을 단어 암기에 어떻게 활용할 수 있는지 소개할 것이다).

이름은 다행스럽게도 변형이 매우 쉽다. 대다수의 이름이 구체적인 개념과 비슷하기 때문이다. 그러니까 추상적인 이름을 무작정 외울 것이 아니라 그 구체적인 개념의 이미지를 외우는 것이다. 몇 가지 예를 들어보자.

- 마틴은 맛있는 술 '마티니'로 변형시킬 수 있다.
- 사라는 뜨거운 사막 '사하라'로 변형시킬 수 있다.
- 샤샤는 성스러운 날 '파샤Pascha('부활절'을 의미하는 고어)'로 변형시킬 수 있다.

물론 이보다 훨씬 어렵고 복잡한 이름들이 많다. 하지만 자꾸 연습을 해보면 시간이 가면서 무슨 이름이든 신속하게, 효과적으로 변형시킬 수 있을 것이다. 또 그 과정에서 창의력도 키울 수 있다.

> **NOTE**
>
> 독일의 철학자 아르투어 쇼펜하우어^{Arthur Schopenhauer}가 세상을 떠난 해는 1860년이다. TSV 1860 뮌헨이 창립된 해도 1860년이다. 축구 팬이라면 쇼펜하우어의 사망 연도를 더 쉽게 기억할 수 있을 것이다. 이런 식으로 기억하는 것이 우스꽝스럽고 유치해 보일 수도 있다. 또 변형한 정보는 원래의 정보와 아무런 관련도 없다. 그렇지만 한번 해보라. 믿을 수 없을 만큼 효과가 좋다.

scene 12 장기기억에 저장된 옛 정보를 이용하라

연상 우리는 이미 너무나 많은 것을 알고 있다. 최고 성능의 컴퓨터가 부러워할 정도의 지식을 지니고 있는지도 모른다. 그러므로 장기기억에 저장된 그 많은 정보를 새 정보의 저장에 활용한다면 기억력이 상상 이상으로 급격히 좋아질 수도 있다. '의미가 있건 없건' 관계없이 모든 연상은 정보의 저장에 유리하다.

'연상association'이라는 개념은 라틴어의 '결합하다, 연결하다, 사회화하다'라는 뜻을 지닌 말과 관련이 있다. 학습은 정보들을 서로 결합시키는 것이다. 연상의 의미와 목적은 정보를 더 잘 저장하고 더 집중적으로 처리해 학습 내용을 깊이 이해하는 것이다. 나아가 연상 과정을 통해 창의적인 아이디어도 키울 수 있다. 연상 기법은 두 가지로 나눌 수 있다. '신-신 연상'과 '신-구 연상'이다.

아는 것이 많을수록 유리하다

신-신 연상

여러 가지 새로운 정보들을 서로 결합시켜 함께 저장하는 방법이다. 그렇게 하면 크기가 더 크고 더 흥미로운 '학습의 꾸러미'가 꾸려지고, 개별 정보들을 낱개로 저장할 때보다 저장해야 할 정보의 단위가 훨씬 줄어들게 된다(이에 관해서는 scene 18에서 더 자세히 다

룰 것이다). 새로운 정보들이 '학습의 병목'—이해력이 매우 한정된 우리의 단기기억—을 무사통과해 장기기억의 넓은 들판으로 나아 갈 수 있게 하는 효과적인 방법이다.

> **NOTE**
>
> 천문학 수업에서 작은 은하 하나에 약 1천억 개의 별이 있다는 사실을 배웠는데, 그 직후 생물학 수업에서 다시 또 새로운 정보를 접했다. 우리의 뇌에는 약 1천억 개의 뇌세포가 있다는 것이다. 이 두 가지 새로운 정보를 직접 결합시켜 은하계의 별이 뇌세포가 되어 우리 머릿속에 들어가 있다고 상상한다. 두 개의 숫자가 똑같으니까.

두 가지 새로운 정보가 전혀 관련이 없다는 사실은 중요하지 않다. 적어도 한 가지 공통점만 있으면 된다. 물론 여러 가지 공통점이 있으면 연상에 더 유리하다. 다다익선이다. 앞의 예에선 한 가지 공통점을 더 찾을 수 있다. '송출'한다는 것이다. 신경세포는 전자 신호를, 별은 빛을 송출한다. 이 두 번째 연상 요인을 통해 연상의 그물은 더 튼튼해질 수 있다.

신-구 연상

신–구 연상은 비교적 더 자주 쓰이는 방법이다. 새로운 정보를 이미 장기기억에 저장된 정보와 결합시키는 것이다. 즉 새로운 정보를 정신의 끈에 매달아 단기기억을 통과해 곧바로 장기기억에 확고하게 뿌리내린 옛 정보 쪽으로 끌고 가는 것이다. 이 방법은 매우 신속할 뿐 아니라 새로운 정보를 뇌에 확고히 뿌리내리게 한다는 장점이 있다. 기존 정보의 안전성 덕분이다. 당연히 장기기억에 저장된 다수의 '옛날' 정보를 이용해 동시에 여러 가지 연상을 만드는 쪽이 더 유리하다.

NOTE

- 성경에서는 제일 오래 살았다는 므두셀라가 969세에 죽었다고 한다. 이 사실을 새로 알게 되었다고 가정해보자. 그런데 우리는 인류가 최초로 달에 간 해가 1969년이라는 사실을 진즉부터 알고 있었다(기존의 옛 정보). 이제 이 둘을 어떻게 결합시켜야 할까? 맨 앞의 1만 빼면 뒤의 969는 동일하다. 따라서 이렇게 상상한다. 달 착륙선이 므두셀라의 비석 바로 옆에 착륙한다. 그 비석에는 이렇게 적혀 있다. "969세에 세상을 뜬 므두셀라가 여기 묻히다."

- 피에르 드 쿠베르탱은 1896년 근대 올림픽을 창시한 인물이다. 우연히 이 정보를 알게 되었다고 가정해보자. 그런데 쿠퍼 테스트에 대해서는 진작에 알고 있었다. 그것은 12분 동안 달리기를 해 지구력을 측정하는 테스트이다. 두 가지 이름의 발음이 비슷하다는 점에 착안하여 이제 쿠베르탱 씨가 올림픽을 창시하게 위해 직접(물론 훨씬 나중에 개발되었지만) 쿠퍼 테스트를 받는다고 상상하도록 한다. 이렇게 하면 발음이 비슷한 두 개의 이름을 동시에 외울 수 있다.

신-구 연상을 보아도 알 수 있듯 아는 지식이 많을수록 새로운 지식을 배우기도 쉽다. 아는 것이 많으면 새 정보의 저장을 개선할 수 있는 연상의 가능성도 늘어나기 때문이다. 여기서 '개선하다'라는 말은 '더 속도가 빠른 학습', '더 쉬운 학습', '더 창의적인 학습', 그리고 무엇보다 '더 재미있는 학습'이라는 긍정적 측면을 일컫는다.

그러므로 우리가 갖고 있는 모든 지식으로 연상을 최대한 활용하자. 연상은 우리의 예상과 달리 아주 어린 나이부터 가능하다. 7~8세의 취학 아동은 이미 1만 4000개의 단어를 알고 있으며, 그 중에서 5000~9000개를 활발하게 사용한다고 한다. 이 숫자는 성인이 쓰는 평균 어휘의 절반에 해당한다. 거기에 아이들의 지식과 경험을 합치면 초등학교 1학년이라 해도 무한한 연상의 가능성을 갖고 있다.

NOTE

새로운 정보를 외워야 할 때는 '자기 안으로' 들어가 장기기억에 자리한 지식의 저장고를 두드려보자. 최대한 많은 종류의 연상을 만들어놓으면 필요할 때 배운 정보를 다시 불러낼 수 있는 확률도 높아진다. 만들어놓은 연상들 중에서 필요한 것을 찾아서 쓰기만 하면 되기 때문이다. 예를 들어보자. "지금까지 달에 간 사람은 모두 몇 명인가?" 정답은 열두 명이다. 이것을 기억하기 위해 다음과 같은 연상을 할 수 있다. "1년은 열두 달이다. 한 달에 한 명씩 달에 갔다." 혹은 "열두 명의 사도들이 차례로 달에 갔다."

scene 13 상상력을 포장하는 법

학습과 상상력 인간이 가진 최고의 능력 중 하나가 상상력이다. 그런데 왜 이런 멋진 재능을 학습에 이용하여 딱딱한 사실을 아름답게 꾸미는 사람들이 많지 않은 걸까? 학습 내용을 상상력이라는 엄청난 보물로 장식하여 환상적인 결실을 맺어보자.

교사든 강사든 교수든 지식을 전달하는 대부분의 사람들은 가장 중요한 부분만 선별해 집약된 지식의 에센스를 전달하는 것이 바람직한 수업이라고 생각한다. 이유는 간단하다. 학습 분량을 줄여주는 것이 시간 절약의 지름길이라고 믿기 때문이다. 안타깝게도 이런 생각은 틀렸다.

　물론 전달해야 하는 학습 내용을 최소한으로 축약하면 반복 학습을 하는 데는 도움이 될 것이다. 하지만 즐겁고 효과적이며 장기적인 학습에는 정반대의 전략이 필요하다. 즉 학습 내용에 더 많은 정보를 추가하는 '정성을 들인' 학습이 필요한 것이다. 창의력과 상상력을 듬뿍 쏟아부어서 말이다!

상상력을 어떻게 다룰 것인가

학습에 상상력을 활용하자! 세미나에서 이런 말을 할 때마다 나는

'선물'을 비유로 들어 설명한다. 다들 살면서 선물을 주고받아 본 경험이 있을 것이다.

누군가에게 멋진 선물을 하고 싶을 때 어떻게 해야 할까? 일단 고민하고 공을 들여 마음에 드는 물건을 찾을 것이다. 그것으로 끝이 아니다. 선물을 예쁜 포장지로 포장해야 한다. 선물을 포장도 안 하고 그냥 쑥 내밀면 제아무리 값비싼 물건이라도 정성이 없어 보인다. 또 포장을 하면 선물을 받은 사람이 포장지를 푸는 동안 긴장을 느낄 수 있고 풀었을 때 깜짝 놀라게 할 수도 있다. 그리고 예쁜 포장지와 장식으로 인해 선물이 훨씬 더 가치 있는 물건으로 보인다.

다들 이제 짐작될 것이다. 내가 다음과 같은 말을 하고 싶다는 것을 말이다.

선물과 포장지의 관계는

학습 내용과 상상력의 관계와 같다.

학습을 할 때도, 학습 내용을 상상력으로 포장하면 긴장과 '깜짝 효과'를 얻을 수 있으며 이를 통해 기억의 가치를 급상승시킬 수 있다. 그렇다면 어떻게 상상력을 활용할 수 있을까? 몇 가지 예를 들어보자.

- **역사:** 카를 대제는 747년에 태어났다. 이런 무미건조한 숫자는 들어

도 금방 까먹는다. 이 숫자를 외울 때 우리는 여객기 보잉 747을 연상할 수 있다. 이렇게만 해도 쉽게 외울 수 있다. 그런데 여기에 상상력을 가미해 카를이 거대한 보잉 747 안에서 태어났다고 생각해 보는 것이다. 천하를 호령할 황제답게 비행기가 떠나갈듯 울어젖혔고 머리는 비행기 표면처럼 반질반질했다고 말이다. 얼핏 보면 쓸데없는 상상 같지만, 이렇게 즐거운 장면을 상상하고 나면 정말 오래오래 잊지 않고 기억할 수 있다.

- 이름 외우기: 항체 생산 유전자의 면역 메커니즘을 밝힌 업적으로 1987년 노벨 생리의학상을 수상한 일본인 도네가와 스스무에 대해서는 이런 이야기가 가능하겠다. 그는 스모 선수이다. 그가 몇 '돈'이나 되는 금괴를 번쩍 쳐들자 모두가 "와!" 하고 탄성을 지른다.

- 전문 개념: 천식을 뜻하는 의학용어는 'Asthma'이다. 이것은 기관지가 좁아져 숨이 차는 질병을 가리킨다. 이 용어를 학생들에게 가르칠 때 'Ast'와 'Ma'로 나눈 다음 나뭇가지(독일어로 Ast)가 폐를 찔러 숨을 쉴 수가 없어서 울면서 "엄마!" 하고 소리를 치는 장면을 상상하라고 시킨다. 그래도 잊어버릴 수 있을까?

이 방법을 소개하면 시간과 노력이 너무 많이 든다고 투덜대는 사람들이 적지 않다. 안 그래도 시간이 없어 죽겠는데 언제 이런 짓까지 하고 있냐고. 그런 사람들에게는 다음 세 가지 이유를 들어 설명해주고 싶다. 첫째, 처음에는 많은 시간이 필요하지만 장기적으로 보면 이런 시간 투자는 절대 헛되지 않다. 상상력으로 확고히 뿌리내린 정보는 굳이 반복할 필요가 없으니까 말이다. 둘째, 상상력을 활용하면 학습이 즐거워지고 의욕이 자란다. 그래서 시간을 더 효율적으로 활용할 수 있다. 셋째, 창의력과 상상력을 자주 동원하다 보면 저절로 이 두 가지 중요한 자질을 함께 키울 수 있다.

풍부한 상상력으로 멋지게 포장한 지식의 값진 자산을 자신에게 선물해보자. 당신의 뇌는 쌍수를 들어 환영할 것이며, 오랫동안 기억으로 남아 그 선물에 보답할 것이다.

NOTE

어떤 학습 내용이든 어떻게 상상력을 발휘해 흥미롭게, 재미나게, 스릴 넘치게 만들 수 있을지 고민해야 한다. 사진 같은 구체적 이미지를 만들어도 좋고 한 편의 영화처럼 온갖 일이 일어나는 시나리오를 써도 좋다.

scene 14 뇌는 이기적일수록 능력을 발휘한다

에고 효과 우리의 기억은 우리 자신과 관련된 것이라면 매우 효율적으로 처리한다. 이는 진화론적으로 매우 의미 있는 현상이다. 이런 효과를 적극 활용하라. 학습 정보를 항상 자신과 직접 관련된 일로 만드는 것이다. 학습 및 기억의 능률이 엄청나게 치솟을 것이다.

'에고 효과'의 역사는 옛날 옛적으로 거슬러 올라간다. 본래 학습의 목적은 중요한 정보를 습득해 자신의 생존율을 높이는 데 있었다. 진화의 역사에서는 항상 더 많이 아는 자가 더 강자로 생존의 싸움에서 승리를 거두었으니 말이다.

우리의 뇌는 자신과 직접적으로 관련이 있거나 자신의 생존에 득이 되는 정보를 특히 잘 흡수하고 소화하고 간직한다. 한마디로 자신을—에고를—학습 내용에 끼워넣어 한데 엮을수록 우리의 뇌는 더 중요한 것으로, 더 오래 기억할 만한 것으로 인식한다.

감정의 에고화

자, 어떻게 하면 이 에고 효과를 구체적으로 학습에 적용할 수 있을까? 아주 간단하다. 당신을 학습 내용의 출발점이나 주인공으로 상상하는 것이다. 몇 가지 예를 들어보자.

- **역사:** 중요한 인물의 생애를 외워야 할 일이 있으면 그 인물이 자신이라고 상상하라. 그러면 학습 내용을 대하는 감정과 자세가 달라질 뿐 아니라 학습 내용에 등장하는 인물의 생각과 행동을 이해하기도 수월해진다. 그것이 어려우면 자신의 삶에서 그 인물의 모습과 같은 점을 찾아본다. (그는 편견 때문에 불행을 겪었다. 내게도 그런 일이 있었던가? 그는 복수심을 느꼈다. 나는 언제 복수심을 느낀 적이 있었나? 그는 오만과 과대망상으로 일을 그르쳤다. 나도 오만한 적이 있었을까?)

- **철학:** 철학 이론을 배울 때도 그것이 나에게 어떤 직접적 영향을 미칠 수 있는지 고민해보자. 추상적으로 제3자의 입장에서 바라볼 때와 달리 매우 구체적으로 다가올 것이다.

- **외국어:** 프랑스어를 배우면서 내가 영희나 철수라면 프랑스어를 할 기분이 날까? 자신의 에고를 한번 바꾸어보자. 이름부터 프랑수아나 베로니크 같은 전형적인 프랑스 이름으로 바꾼다고 가정한다. 그리고 오랜 외국 생활 끝에 다시 파리로 돌아왔다고 상상하는 것이다. 유창하게 프랑스어를 구사해야 할 테니 열심히 프랑스어를 배우지 않겠는가?

- **어휘:** 앞에서도 잠깐 소개한 '단어 짝 실험'을 다시 한번 예로 들어보자. 단어의 짝은 코끼리와 자전거였다. 그리고 이 단어의 짝을 잘 기억하기 위해 코끼리가 자전거를 타고 신나게 달린다고 상상했었다. 이번에는 상상력을 더 발휘해 코끼리가 내가 최근에 산 비싼 산악용 자전거에 올라타고 산을 오른다고 상상해보자. 더 짜릿하고 더 실감이 나지 않겠는가?

- 제품명: 주의력결핍과잉행동장애^{ADHD}를 치료하는 가장 유명한 치료제의 이름은 '리탈린'이다. 이 약의 개발자가 1944년 그 약을 제일 먼저 자기 아내에게 먹였는데 아내의 별명이 '리타'였기 때문이다. 이 정보를 기억에 이용한다.

 에고 효과는 스스로 공부를 할 때뿐 아니라 남을 가르칠 때도 매우 유익하다. 나는 우리 아이들에게 복잡한 지식을 전달할 때 이 방법을 자주 사용한다. 예를 들어 '용서'라는 개념을 설명한다고 치자. 그럼 이렇게 시작하는 것이다. "제일 친한 네 친구가 몰래 다른 아이들한테 네 욕을 하는 거야. 그럼 네 기분이 어떻겠어?" '천식'을 설명할 때도 입과 코를 막은 다음 가만히 있는 상태에서 숨을 쉬어보라고 하고 다시 격렬하게 운동을 하면서 숨을 쉬어보라고 한다. 이렇게 '감정의 에고화'를 거치게 한 다음에 추상적이고 학문적인 설명을 곁들인다(물론 scene 13에서 배운 천식을 기억하는 방법도 동시에 써먹는다). 보통 이기적인 해석은 욕먹을 짓이지만 학습할 때는 다르다. 우리의 뇌는 이기적일수록 능률이 치솟는다.

NOTE

에고 효과는 앞에서 설명한 이유들 말고도 신체 기억을 활용할 수 있기 때문에 더 효과적이기도 하다. 머릿속으로 상상한 신체 활동은 오래오래 기억된다.

LAB 하겐-푸아죄유의 법칙 ──────────────

'하겐─푸아죄유Hagen-Poiseuille의 법칙'이라는 것을 배운다고 가정해보자. 이는 가늘고 둥근 관에 흐르는 유체流體의 양이 관 양끝의 압력 차와 관의 반지름의 네제 곱에 비례하고 관의 길이와 유체의 점성粘性에는 반비례한다는 법칙이다. 이제 당신이 숨을 꾹 참고 유속이 센 두꺼운 관속으로 들어갔다고 상상해보자. 관이 갈수록 좁아진다. 그렇다면 관의 끝 부분으로 갈수록 유속은 더 세지고 더 빨라질 것이다. 상상만 해도 당신이 지금 신나게 휩쓸려가는 느낌이 날 것이다. 이런 궁금증도 생긴 다. '관의 직경을 절반으로 줄이면 나의 속도는 얼마나 빨라질까? 관을 다 통과할 때 까지 숨을 참을 수 있을까?' 딱딱한 물리학의 법칙이 생사가 오가는 급박한 문제로 탈바꿈하는 것이다.

──────────────────────────────

scene 15 우아한 가짜 논리

이해의 중요성 이해를 했거나 논리를 파악한 학습 내용은 오래 기억에 남는다. 더구나 이해는 재미를 선사한다. 그러니 무슨 정보이건 논리적인 관계를 파악하려 노력해보자. 논리가 없을 땐—이름이나 단어처럼—우아한 가짜 논리라도 만들어보자.

다들 경험이 있을 것이다. 이해를 한 것은, 다시 말해 여러 가지 개별 정보에서 한 가지 논리를 파악한 것은 오래 기억된다. 또 논리 파악에 시간을 오래 투자할수록 기억률도 더 높아진다.

왜 그럴까? 왜 이해를 하면 기억도 잘하는 걸까? 이해를 하려면 일단 이해에 필요한 수많은 개별 정보를 서로 결합하고 연관시켜야 하는데, 이 과정을 통해 학습 내용의 커다란 전체 이미지가 탄생하기 때문이다. 따라서 훗날 학습 내용의 개별 사항을 잊어버려도 전체 이미지가 남기 때문에 부족한 지식의 퍼즐을 채울 수 있다. 물론 복습이나 활용을 하지 않은 채 너무 오랜 시간이 흘러 전체 이미지마저 사라질 정도로 지식의 구멍이 많아지면, 논리적 이해도 사라져 모든 정보가 급속히 망각에 빠지게 될 것이다.

NOTE

축구 골대의 공식적인 규격은 길이 7.32미터, 높이 2.44미터이다. 외우기 상당히 힘든 숫자이다. 그런데 왜 축구 골대처럼 대중적인 물건의 규격이 그렇게 딱 떨어지지 않는 숫자인 것일까? 영국의 길이 단위 때문이다. 영국에서는 피트와 야드를 주로 쓰는데 7.32미터는 약 8야드, 2.44미터는 약 8피트이다. 축구의 규칙은 영국에 뿌리를 두고 있다는 사실을 알고 나면 지극히 논리적인 결과이다.

이성을 잘 활용하는 것이 중요하다

물론 세상 모든 지식을 알 수는 없고, 세상 모든 것의 근원을 파고들 수도 없다. 시간도 부족하거니와 현재의 지식 수준으로는 이해할 수 없는 일들이 너무나 많다. 또 이해 자체가 불가능한 것들도 많다. 논리적인 배경이 없는 이름이나 어휘, 숫자들처럼 말이다. 그러나 우리의 논리적 이해는 장기 저장의 뛰어난 도구이다. 때문에 학습 내용이 이렇게 '비논리적'이라고 해서 우리가 가진 뛰어난 논리, 분석 능력을 발휘하지 않는다면 너무 안타까울 것이다.

이럴 때 사이비 논리를 펼쳐보라고 권하고 싶다. 나는 이 학습법에 '로고모닉logomonic'이라는 이름을 붙였다. '논리logic'와 '기억술mnemonic'을 합성한 단어이다. 이 학습법의 기본 원리는 학습 내용에서 인위적으로 논리를 찾아내거나 만드는 것이다. 그러니까 꼭 '진짜' 논리를 찾을 필요는 없다. 애당초 논리는 없으니까. 대신 자신의 논리적 '기억용 아이디어'를 학습 내용에 끼워넣는 것이다. 당연히 이 기억용 아이디어도 학습 내용과 반드시 의미 관계가 있어야 할 필요는 없다. 논리의 기능만 다하면 된다. 우리 기억의 입장에서 보면 논리가 진짜인지 가짜인지는 중요하지 않다. 이 방법 또한 연상과 마찬가지로 기존의 지식을 활용하지만 연상과 달리 논리적인 관계에 주목한다. 조금 더 쉽게 이해할 수 있도록 몇 가지 예를 들어보자.

- 애플의 창립자 스티브 잡스는 1955년에 태어났다. 이 사실은 지극히 논리적이다. 그해에 아인슈타인이 사망하면서 그에게 자신의 천재성을 물려주었으니까.

- 4000미터 상공에서는 대기 중 산소량이 40퍼센트나 줄어든다. 이 사실은 지극히 논리적이다. 그 정도 높이가 되면 우리는 양쪽 눈에 눈물을 '뚝뚝뚝'(눈물방울 모양과 비슷한 000) 흘리면서 네발로 기어 다닐 테니 말이다. 혹은 이런 논리도 가능하다. 40퍼센트에 눈물(00)을 더하면 4000이다.

- 2009년 국제학업성취도평가에서는 학생들의 논리력logic에 중점을 두었다. 2012년에는 수학mathematics에, 2015년에는 자연과학natural science에 중점을 둘 예정이다. 이 사실은 지극히 논리적이다. 알파벳 순서(l → m → n)대로 나아가니까.

- '위키피디아'의 창립자는 지미 웨일즈Jimmy Wales이다. 이 사실은 지극히 논리적이다. 'www'는 'World Wide Web'의 의미뿐 아니라 'Wales Wikepedia knoWledge'의 의미도 되니까. 그리고 그곳에 모인 지식은 고래(독일어로 고래는 wale)만큼 크니까.

이 사례들에서도 알 수 있듯 로고모닉을 통해 결합시킨 정보가 실제 사실과 전혀 무관하다 해도 상관이 없다. 이론적으로 미미한 논리적 관계만 있어도, 혹은 억지로 꾸민 논리적 관계만 있어도 그것으로 충분하다.

> **NOTE**
>
> 새로운 정보를 만나면 항상 논리 체크부터 하자. 왜 이런 이름이 붙었는지, 어떤 상황인지, 왜 이러한지를 캐물어야 한다. 그래도 논리를 찾지 못하겠거든 당신이 가진 지식을 총동원하고, 그것도 모자라면 상상력까지 동원해 사이비 논리를 만들어내라. 자꾸 노력하다 보면 뜻하지 않은 부수 효과도 얻을 수 있다. 분석력, 종합력, 인지력이 자연스레 향상되어 아이큐가 높아질 수도 있다.

scene 16 뇌는 정보를 '장소화'한다

장소화 인류가 수백만 년을 살아오는 동안 우리의 뇌는 생존에 영향을 미치는 대상의 위치나 특정 사건이 일어나는 장소를 정확히 저장하는 능력을 최대화했다. 장소와 관련된 지식을 저장하는 이런 천재적인 기초 시스템을 이제 우리의 학습에도 적극 이용해보자.

강의 시간에 청중들에게 이 비법을 설명할 때는 먼저 이런 질문을 던진다. "냉장고가 있습니까?" 그리고 소리 내지 말고 조용히 혼자 '네', '아니오'로 대답을 한 후 스스로를 관찰해보라고 말한다. 당신도 한번 해보라. 당연히 대부분의 사람들이 '네'라고 대답할 것이다. 이제 다시 질문을 던진다. "칫솔이 있습니까?" 이번에도 '네'라고 대답했을 것이다.

이 단순한 질문의 비밀은 바로 여기에 있다. '네'라고 대답하는 모든 사람들이 대답과 동시에 그 질문의 대상이 있는 장소를 떠올릴 것이다. 머릿속으로 냉장고 앞에 가 서 있거나 평소 칫솔을 보관하는 장소에 가 있을 것이다. 그렇게 하지 않을 수가 없다. 그냥 그렇게 된다. 이것이 바로 기억의 원리이기 때문이다. 뇌는 가능하다면 언제라도 정보를 '장소화'한다. 다시 말해 정보를 특정한 장소에 갖다 놓는 것이다.

그 이유는 두뇌학자들이 몇 년 전에 발견한 해마의 특정 두뇌세포(뉴런) 때문인데, 이 세포는 '장소세포'라는 이름을 얻었다. 이것은 익숙한 공간, 특정 장소를 특수한 방식으로 복사하기 때문에 우리가 해당 장소에 머무를 때마다 점화된다. 또 우리의 뇌가 '정신의 지도'를 구축할 때에도 이 장소세포가 도움을 주는 것 같다(우물이나 양식거리, 위험의 정확한 장소를 기억하느냐 마느냐는 인류의 생사를 결정하는 중요한 요인이었다). 그러니 수백만 년 동안 인류의 생존을 보장해준, 이 고도로 효율적인 기억 전략을 우리의 학습에 활용하지 않을 이유가 어디 있겠는가?

장소화의 기본 원칙은 학습 내용을 의식적으로 한 장소 혹은 여러 장소에 갖다 놓는 것이다. 즉 우리가 마음대로 고른 장소를 저장 정보의 닻을 내릴 곳으로 삼는 것이다.

이 방법의 효과와 관련해 이미 2500년도 더 전에 개발된 독자적인 학습법이 있다. '장소 학습법method of loci'이라고 불리는 이 학습법의 기본 원칙에 대해서는 뒤에서 기억술을 다루며 조금 더 자세히 설명하겠다.

장소화의 작동 방식

내가 장소화 방법에 대해 처음 안 것은 10년 전이었다. 당시 나는 이 방법이 너무나 사용하기 편하고 효과적이라는 사실에 깜짝 놀랐다. 누구나 그렇지만 당시엔 나 역시 많이 읽고 많이 공부했다. 그러나 막상 기억을 떠올리려 하면 지극히 일부분밖에 기억나지 않았다. 훨씬 더 많은 정보에 흥미를 느꼈지만 아무리 머릿속을 헤집어도 그 정보들을 다시 발견할 수 없었다. 물론 그 정보들은 내 머릿속에 존재했다. 콕 집어 묻는 질문에는 아무 문제 없이 대부분의 내용을 기억해냈으니 말이다. 내게 부족한 것은 그 지식을 불러내는 방법이었다. 장소화의 작동 방식은 바로 이 점에 초점을 맞춘다.

지식의 장소화는 다음 세 단계를 거친다.

- 1단계: 학습을 하기 전 미리 친숙한 환경(예를 들어 자기 집) 몇 군데를 선별해서 외운다.
- 2단계: 학습 정보를 각기 한 장소와 연결시킨다.
- 3단계: 기억을 할 필요가 있을 때 각 장소들을 다시 쭉 떠올리면 저장된 정보도 따라서 기억이 난다.

이런 식의 기억법이 처음엔 이상하고 성가시게 보일 수도 있지만 가만히 생각해보면 우리는 이미 일상생활에서 자연스럽게 이 방법을 활용하고 있다. 어떤 물건(안경이나 열쇠, 지갑 등)을 아무데나 두고 찾지 못할 때 다들 어떻게 하는가? 그것을 놓아두었을 법한 장소를 머리로 쭉 그리다 보면 갑자기 번개처럼 번쩍 그 물건을 놓아둔 장소가 떠오를 것이다.

내 설명에 호기심이 발동하는가? 그렇다면 당신도 한번 이 방법을 실천해 보았으면 좋겠다. 수백 개의 정보를 저장했는데 나중에 (시험을 치면서) 그게 100퍼센트 떠오른다면 얼마나 행복하겠는가.

지식의 장소화는 누구나 별 준비 없이 곧바로 학습에 이용할 수 있다. 그렇지만 특히 공간적, 시각적 기억력이 좋은 사람들에게서 이 방법의 효과가 두드러진다. 물론 사진처럼 정확히 다 기억이 난다는 뜻은 아니다. 적어도 정신적으로 건강하다는 조건이라면 인간에게는 아직 그 정도의 능력은 없다.

여기서 말하는 공간적, 시각적 기억력이 좋은 사람이란 이름이나 개념을 떠올리지는 못하면서도 그 정보를 어디서 보았는지는, 다시 말해 어떤 책의 1페이지 오른쪽 아래에 쓰여 있다는 사실은 기억할 수 있는 사람이다. 이것 역시 우리 기억이 장소화 방법을 자연스럽게 사용한다는 증거이다.

LAB   장소를 활용해 공부하기

이탈리아에서 있었던 한 실험에서 대학생들에게 한 번에 세 개의 단어를 외우게 하는 식으로 20차례, 총 60개의 단어를 제시했다. 두 집단으로 나누어 한쪽은 20개의 장소를 활용해서 외우게 했고 나머지 집단은 평소 사용하던 방법대로 외우게 했다. 테스트 결과, 장소화 방법을 활용한 실험 참가자들이 그렇지 않은 참가자들에 비해 월등히 좋은 성적을 거두었다. 단어를 제시한 직후에도, 일주일이 지난 후에도 같은 결과가 나왔다.

scene 17 생생한 이미지의 힘

시각화 대부분의 사람들은 추상적인 문자 정보를 그냥 그대로 외우려 한다. 그런데 우리 인간에겐 시각화라는 멋진 능력이 있다. 이 훌륭한 자산 덕분에 우리는 '마음의 눈'으로 이미지를 볼 수 있다. 인간 두뇌의 이런 막강한 능력을 학습 내용을 저장하고 문제를 구체화하는 데에도 한껏 활용해보자. 알베르트 아인슈타인도 규칙적으로 활용했던 방법이다.

인간은—아마도 동물과 달리—의도적으로 이미지를 만들 수 있다. 그 이미지를 현실에서 본 적이 없어도 괜찮다. 등에 헬리콥터를 태우고 하늘을 나는 코끼리가 비행사가 내미는 바나나를 코로 받아먹는 장면을 상상해보라. 누구나 쉽게 상상할 수 있다.

그런데 여기서 사용한 '시각화visualization'라는 개념은 아쉽게도 약간 협소한 면이 없지 않다. 실제로 이미지를 만들 때는 시각만 사용하는 것이 아니다. 물론 이미지를 만들 때는 시각적 측면이 가장 중요하다. 게다가 시각은 이해와 직접적인 관련이 있는 듯한데, 평소 우리가 자주 쓰는 '통찰', '직관' 같은 말에 이해와 시각의 연관성이 잘 반영되었다. 시각의 중요성은 눈에서 뇌까지 가는 신경회로가 200만 개에 달한다(뇌로 가는 신경회로의 약 80퍼센트에 해당한다)는 사실에서도 잘 드러난다. 그럼에도 불구하고 시각만으로는 생생한 이미지를 만들기 쉽지 않다. 청각, 촉각, 후각 등 다른 감각들을 동원해서 이미지를 풍성하게 만들면 더 암기하기 쉬운 '멀티 감각 이미지'가 탄생할 것이다.

마음의 눈

우리 인간의 시각화 능력을 활용해 추상적인 정보를 구체적이고 명료한 정보로 바꾸어보자. 사실 우리는 이미 말을 할 때나 생각을 할 때 언어 이미지를 자주 사용하고 있다. '모가지가 잘리다', '한 지붕 밑에 살다', '한 배를 탔다', '머리를 한 대 얻어맞다' 등의 몇 가지 언어 습관만 보아도 잘 알 수 있다.

우리가 이처럼 시각화의 힘을 자주 사용하는 이유는 이미지가 단어나 추상적인 관계보다 훨씬 빨리 이해되고 더 잘 기억할 수 있기 때문이다. 시각화는 '마음의 눈'을 이용하는 것이다. 광고나 책에서 상징과 그래픽, 다이어그램, 로고, 픽토그램, 아이콘 등을 자주 사용하는 이유도 그 때문이다. 아무리 복잡한 상황도 명쾌한 이미지로 눈앞에 그리면 훨씬 이해하기 쉽다. "수천 마디 말보다 그림 한 장이 낫다"라는 영국 속담도 있다.

> **NOTE**
>
> 이미지가 학습에 얼마나 도움이 되는지, 혹은 문자 학습의 효율성이 얼마나 제한적인지는 유명한 독일 과학자 알베르트 아인슈타인의 사례에서 잘 알 수 있다. 아인슈타인이 학교 다닐 때 성적이 좋았을까? 이 질문에는 다들 단호하게(혹은 즐거워하며) "아니오"라고 대답할 것이다. 하지만 그것은 절반만 진실이다. 열다섯

살이 되던 해까지 아인슈타인은 뮌헨의 학교에 다녔다. 학생들에게 군대처럼 엄격한 규율을 강요하고 전통적인 방식대로 언어 지향적인 수업을 하던 학교였다. 실제로 그는 그곳에서 심각한 학습 부진에 시달렸다(오랫동안 그의 언어 능력은 평균에도 훨씬 못 미쳤다). 하지만 그 후 시각적 학습 방법과 독자적 사고를 중시하던 스위스의 페스탈로치 학교로 옮기면서 훗날의 엄청난 명성과 어울리는 우수한 성적을 올렸다.

어쩌면 당신에게도 꼬마 아인슈타인이 숨어 있을지 모른다. 어쨌든 앞으로는 학습할 내용은 최대한 시각화하기를, 모든 감각을 총동원해 이미지로 만들기를 권하는 바이다. 당신의 시각화 능력이 엄청난 잠재력을 가진 학습의 도구가 되어 추상적인 문제를 구체화하고, 나아가 올바른 결론이나 해답을 끌어낼 수 있도록 도와줄 것이다.

'사고력 스포츠' 분야에서 한 가지 사례를 더 살펴보자. 시각적 사고가 추상적, 수학적 사고보다 훨씬 유익하다는 것을 알 수 있을 것이다.

NOTE

서가에 두 권짜리 사전 전집이 꽂혀 있다. 한 권당 350페이지다. 그런데 안타깝게도 책 벌레가 그 안에 들어가서 1권의 첫 페이지부터 2권의 마지막 페이지까지 갉아 먹었다. 책벌레가 갉아 먹은 페이지는 총 몇 페이지일까?

정답은 두 개다. 사전이 꽂혀 있는 방식에 따라 책 표지만 두 장 갉아 먹었을 수도 있기 때문에.

당신도 조금만 연습하면 이미지가 얼마나 확실하게 장기적으로 기억에 저장되는지 직접 체험하게 될 것이다. 몇 년 전 '1h 카드' 부문에서 1044개의 카드를 암기하여 세계 챔피언이 되었을 때, 이 방법의 효과를 나 역시 절감했다. 당시 나는 불과 60초 안에 500개 이상의 이미지를 만들었고, 그 이미지를—하나도 틀리지 않고—순서대로 기억해냈다. 심지어 며칠 후에도 대부분의 이미지를 기억했다. 이미지의 힘은 이렇게 대단한 것이다.

LAB   문자 vs 영상

한 실험에서 1000명의 실험 참가자에게 컬러로 된 생생한 영상 1000편을 각 5초 동안 보여주었다. 그 직후 몇 편 정도나 기억에 남는지 테스트한 결과, 평균 오류는 여덟 번에 불과했다. 그러니까 기억률이 99.2퍼센트였던 셈이다(같은 정보를 글자로 전달한 비교 집단의 경우 평균 오류가 300번이었다). 그리고 이틀이 지난 후에도 다수가 영상을 기억했다. 기억률이 약 90퍼센트였다.

scene 18 단기기억을 효과적으로 사용하는 방법

청킹chunking2 단기기억—우리의 작업기억—은 충격적일 정도로 저장량이 적다. 약 7청크(정보 단위)로 새 정보의 학습에 병목현상을 일으키기도 한다. 그렇지만 그 역시 '교묘하게 속여 넘길' 수 있다. 학습을 할 때 항상 장기기억에 저장된 지식을 동원하여 '학습의 덩어리'를 키워 학습 과정을 가속화하고 개선하며 단순화하는 것이다.

우리 인간에겐 세 가지의 다른 기억 단위가 있다고 한다. 초단기기억, 단기기억, 장기기억이 그것이다. 가장 흔한 기억 모델인 이들은 작업 방식(전자식/화학식), 과제의 범위, 저장 기간, 저장 용량 등에서 차이가 난다.

초단기기억

이 기억은 전체 환경에서 우리에게 도착한 모든 정보를 번개처럼 순식간에 '걸러낸다'. 저장 용량은 매우 많지만 저장 기간이 극도로 짧아 최대 1~2초에 불과하다. 따라서 학습에 큰 의미가 없다.

---

2 의미 덩이 짓기. 단기기억에 관한 연구에 사용되는 용어 중 하나로, 기억의 대상이 되는 자극이나 정보를 서로 의미 있게 연결하거나 묶는 인지 과정을 뜻한다.(역자 주)

장기기억

우리가 가장 잘 알고 있는 기억이다. 이 안에 몇 년, 몇십 년에 걸친 엄청난 양의 정보가 저장되어 있다. 하지만 저장된 정보를 오랜 시간이 지난 후 다시 불러내려면 이 책에서 설명한 여러 가지 비법들이 필요하다.

단기기억

가장 흥미로우며 학습에 중요한 기억이다. '작업기억'이라고도 불리는 이 단기기억에는 사실 아주 나쁜 특징 두 가지가 있다. 첫째, 정보를 약 20초라는 매우 짧은 기간 동안만 저장한다. 둘째, 충격적일 정도로 저장량이 적다. 동시에 받아들일 수 있는 정보의 양이 약 5~9청크밖에 안 된다. 추가 정보를 더 집어넣으려고 하면 앞의 것이 밀려나 버린다. 마치 책상에 일렬로 많은 책을 올려놓는 것과 비슷하다. 일곱 권의 책밖에 안 놓이는 책상에 한 권의 책을 더 놓으려면 책상 제일 앞쪽의 첫 번째 책이 밀려나 아래로 떨어질 것이다.

단기기억의 저장 용량은 사람마다 큰 차이가 없다. 보통 어린 시절부터 늘어나기 시작해 약 25세를 기점으로 정점을 찍고 그 이후 다시 줄어든다. 한편 단기기억의 저장량은 지능과 연관이 있다. 숫자건 색깔이건 단어건 9개의 청크를 동시에 단기기억에 입력시킬 수 있는 사람은 천재라고 불러도 좋을 것이다. 또 유전적 소인이 많아서 훈련을 통해 용량을 늘리기도 거의 힘들다.

이처럼 극도로 적은 저장 능력 탓에 단기기억은 학습 과정에서 병목현상을 일으킨다. 학습 내용 전체가 장기기억에 저장되려면 일단 단기기억을 거쳐야 하기 때문이다. 물론 방법은 있다. 정보 단위의 크기는 우리 지식에 따라 달라질 수 있으니까!

'청킹'을 이용하면 책상(단기기억)에 올려놓을 수 있는 책이 일곱 권이 아니라 70권으로 늘어날 수 있다.

청킹을 이용하라

세 자리 수 725는 3개의 청크, 즉 7, 2, 5라는 세 숫자를 갖는 하나의 정보이다. 하지만 올림픽 남자 해머 던지기에 출전할 선수라면 그 숫자가 낯설지 않을 것이다. 경기에 사용하는 해머의 무게가 7.25킬로그램이기 때문이다. 따라서 그 선수는 장기기억의 지식을 활용해 새로운 정보를 한 개의 청크로 묶을 수 있을 것이고, 덕분에 그 정보가 단기기억에서 차지하는 자리도 그만큼 줄일 수 있을 것이다.

장기기억에 담긴 기존의 지식을 활용하는 이런 과정을 '청킹'이라 부른다. 앞에서와 같이 책상과 책으로 비유해보자면, 청킹은 책상 면적의 한계를 책을 여러 권 쌓는 것으로 극복하자는 창의적인 아이디어에 해당된다.

이처럼 청킹의 과정을 통해 우리는 제한된 저장 용량을 가진 단기기억을 좀 더 의미 있게 사용할 수 있다. 나아가 장기기억에 저장된 비슷한 정보와의 링크를 통해 말 그대로 밧줄에 매단 것처럼 새 정보를 순식간에 장기기억 저장고로 끌어가, 단기기억 저장고의 부담을 추가로 줄여줄 수 있다.

> **NOTE**
>
> 심리학 전문용어인 '잠복기억cryptomnesia(과거에 경험하였으나 경험하지 않았다고 잘못 느끼는 것)'이라는 말을 새로 배웠다고 치자. 그것을 슈퍼맨의 고향 '크립톤'과 내가 스스로를 슈퍼맨이라고 착각한다는 상상으로 청킹할 수 있겠다.

머릿속에 저장된 지식의 레퍼토리를 최대한 학습에 활용해보자. 정보를 최대한 뭉쳐 큰 덩어리로 만들어 단기기억에서 곧바로 장기기억으로 넘어가게끔 말이다.

LAB 단기기억의 한계를 극복하려면?

34명의 대학생을 대상으로 스위스에서 실시한 한 실험 결과를 보면 매일 훈련을 할 경우 단기기억의 용량도 조금이나마 늘어나고 지능도 높아질 수 있다고 한다. 하지만 그 변화의 폭은 미미하다. 반면 청킹을 통해 단기기억의 한계를 극복하면 믿을 수 없는 효과가 나온다. 2008년 '말로 전달된 숫자spoken numbers' 부문에서 나는 세계기록을 세웠다. 1초 간격으로 전달된 202개의 숫자를 하나도 틀리지 않고 다 기억했던 것이다. 아마 여덟 개의 숫자만 기억해도 IQ 140의 천재 소리를 들을 것이다. 하지만 나의 기록은 내가 천재라서 세운 것이 아니라 간단한 청킹 방법을 사용한 결과이다. 그다음 날까지도 나는 202개의 숫자를 완벽하게 기억했다.

scene 19 무작정 반복하지 마라

복습의 효과 우리의 기억은 반복을 좋아한다. 물론 제대로 할 때 말이다. 무의식적인 반복은 전혀 효과가 없다. 복습이 효과를 거두려면 사전 기억 활동, 의도적인 재저장, 동시적인 정보처리, 의미 있는 시간 간격 등 조건을 잘 지켜야 한다.

'복습은 공부의 어머니Repetitito est mater studiorum'라는 유명한 라틴어 속담이 있다. 복습은 뇌에게 보내는 신호이다. 이 학습 내용이 정말로 중요하다는 신호 말이다. 물론 우리의 두뇌에 적합한 복습 방법을 잘 선택하는 것이 중요하다.

첫째, 아무 생각 없이 무조건 전체를 다시 공부해서는 안 된다. 잠깐 시간을 내서 정보가 이미 머릿속에 저장이 되었는지 아닌지 살펴야 한다. 예를 들어 외국어 어휘의 경우 그 뜻을 되짚어보아야 한다. 이런 사전 기억 활동이 중요한 이유는 이를 통해 자신의 지식을 확인하고 다질 수 있을 뿐 아니라, 기억이 나지 않을 경우 사라진 기억의 흔적을 활성화해 그 정보를 다시 한번 확실하게 저장할 수 있기 때문이다. 복습이란 정보의 적극적인 되풀이 과정이다. 그러므로 정보를 아직 기억에서 불러낼 수 없을 경우 추가 저장 가능성을 고민하고 다시 한번 정보를 처리해야 한다. 이를 통해 새로운 측면을 깨달을 수 있고 새로운 아이디어를 떠올리거나 다른 전문 분야와의 연관 관계를 파악할 수 있다. 그런 적극적 과정이 있어야만 복습은 깊이 있는 지식으로 이어질 수 있다.

복습의 시간적 측면도 매우 중요하다. 어디를 가나 자주 듣는 질문이 '언제, 얼마나 자주 복습을 해야 하는가'이다. 여러 가지 요인이 걸려 있으므로 간단히 대답할 수는 없는 문제다. 지식은 한 가지 종류만 있는 것이 아니다. '믿음 지식(희미한 추측)'에서부터 '기억 지식(언제나 기억할 수 있는 것)'이나 '자동화된 지식(잠을 자면서도 알 수 있는 통달한 상태)'에 이르기까지 적어도 일곱 종류의 지식이 있다. 이것들은 각기 지식의 수준, 기억 가능성, 망각률(망각의 속도) 등에서 차이가 있다. 요점은 시간 간격을 잘 조절한 의식적인 복습

망각의 폭포 모델

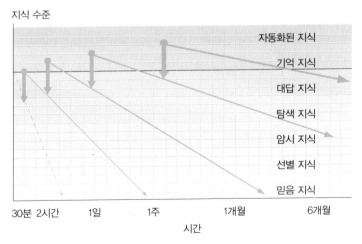

여러 번의 반복은 지식의 수준을 높이고 망각의 속도를 떨어뜨린다.

을 통해 비로소 지식의 수준을 향상할 수 있다는 것이다.

망각선에 주목하라

위에 나오는 도표를 보면 일곱 가지 지식 수준이 표시되어 있다. 하강하는 선들은 복습 횟수에 따라 기울기가 다른 각각의 '망각선'이다. 제일 왼쪽, 가장 가파른 점선의 출발 시점은 첫 번째 학습을 의미한다. 하지만 이 '신선한' 지식은 아직 단단하게 여물지 못해서 신속하게 가치가 떨어지는 지식 수준으로 하강하다가 결국 망각의 늪에 빠진다. 그러므로 지식 수준이 너무 떨어지기 선에 복습을 해야 한다. 복습을 하면 나시 지식 수준이 높아질 뿐 아니라 망각의 속도가 느려진다.

　복습하지 않은 채로 시간이 많이 지나면 망각의 선이 우리의 지식 수준을 너무 갉아먹게 된다. 시간이 흐를수록 치명적인 결과가 일어날 수도 있다. 지식이 전혀 남아 있지 않게 되는 것이다. 그럼 다시 처음부터 학습을 해야 한다.

> **NOTE**
>
> 학습 내용은 최대한 이중 포장 방법으로 암기해야 한다. 즉 처음 학습한 몇 초 후에 복습을 하는 것이다(자동차의 시동을 걸 때와 같다. 자동차 키를 꽂고, 돌린다). 그럼 우리의 뇌가 이렇게 해석한다. '아하, 여기서 반복을 하는 걸 보니 꼭 기억을 해야 하는 것이로구나.' 30분 후에 한 번 더, 그리고 다시 두세 시간 후—첫 망각선이 망각의 계곡으로 너무 깊이 추락하기 전에—다시 한번 복습한다. 그 후 하루가 지난 후, 일주일, 1개월, 3개월, 6개월 후에 복습하면 학습 내용은 점점 더 단단하게 우리 기억에 뿌리를 내린다.

scene 20 간격 효과의 올바른 사용법

간격 효과 시험 전날 벼락치기를 해보지 않은 사람이 있을까? 하지만 오랜 기간을 두고 짧은 시간으로 나누어 공부하는 것이 기억률을 더 높이므로 결국 학습 시간을 더 줄일 수 있다는 사실이 과학적으로도 입증되었다.

시간이 없어서, 게을러서, 계획성이 부족해서 시험을 보기 며칠 전, 심할 경우 하루 전에 집중 공부를 시작한 경험이 누구나 한 번쯤 있을 것이다. 하지만 그러한 공부법은 잘못된 것이다. 과학적인 실험 결과로도 알 수 있듯 운동 능력이나 지식(사실 지식, 어휘, 텍스트 정보 등)은 분산 학습을 행하는 것이 여러 가지 면에서 효과적이다.

이것을 일컬어 간격 효과^{spacing effect}라고 한다. 간격 효과란 시간 간격을 둔 분산 학습이나 훈련(운동 능력의 학습 과정)이 벼락치기 학습이나 훈련보다 장기적인 기억률이 높은 현상을 가리킨다.

물론 전혀 공부를 안 하는 것보다는 벼락치기로나마 공부를 하는 편이 성적이 더 잘 나올 것이다. 하지만 그렇게 후다닥 머릿속에 집어넣은 지식은 시험이 끝나는 즉시 머리에서 빠져나가고 만다.

규칙적인 분산 학습에는 다음과 같은 장점이 있다.

- 여러 번 나누어 공부를 하면 그 학습 횟수만큼 우리의 뇌는 계속 활성화된다. 그리고 우리의 뇌는 이런 규칙적인 활성화를 학습 사이의 빈 시간에 학습 내용을 무의식적으로 처리하라는 신호로 해석한다. 결국 이런 추가 활동 덕분에 실제 학습하는 시간이 벼락치기로 공부할 때보다 훨씬 줄어든다.
- 잘게 쪼개어 여러 번 학습을 하면 학습 의욕이 눈에 띄게 올라간다. 금방 학습이 끝날 것이라는 사실을 알기에 기대에 차서 열심히 공부할 것이기 때문이다.
- 자신의 지식에 대한 자신감이 높아진다. 학습을 여러 번 반복함으로써 자연스레 암기하게 되어 항상 중요한 정보를 기억할 수 있을 것이기 때문이다. 당연히 다른 분야 학습에 투자할 시간도 많아진다.
- 분산 학습을 하면 공부한 내용을—적어도 일부나마—복습하게 된다. 이를 통해 학습 내용이 우리 기억에 단단하게 자리를 잡을 것이고 오래도록 기억에 남을 것이다.

빨리 배운 것은 빨리 잊는다

특히 영어 단어처럼 계속 외워야 하는 내용이거나 기초 지식이어서 항상 시험 범위에 포함되는 내용인 경우엔 간격 효과가 크다. 인터넷을 뒤져보면 복잡한 수학 알고리즘과 특수한 사실의 학습 테스트를 통해 각 개인의 가장 바람직한 복습 시점을 찾아주는 몇 가지 컴퓨터 프로그램들(SuperMemo, Anki, Mnemosyne)이 있다. 물론 이 프로그램들이 실제로 도움이 될지, 그에 들인 시간과 노력이

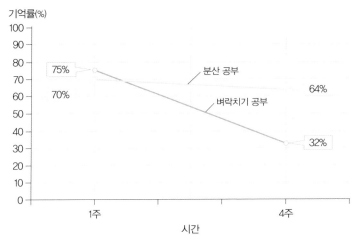

간격 효과

기억률(%)

이 도표는 미국에서 실시한 대규모 실험의 결과를 보여준다(2006년, Rohrer). 116명의 대학생들을 두 집단으로 나누어 수학 문제를 풀게 했다. 한 집단은 한 번에 10분을 주고, 다른 집단은 1주 간격을 두고 5분씩 풀게 했다. 1주 후와 4주 후 이들의 기억률을 위의 그래프를 통해 알 수 있다.

효과가 있을지는 각 개인이 판단할 일이다.

어쨌든 나는 깊이 고민하여 정한 규칙적인 학습 방법을 습관으로 만들라고 권하고 싶다. 일주일에 네 번 30분씩 단어를 외우는 쪽이 시험 전날 밤에 스트레스를 잔뜩 받으면서 네 시간 동안 죽치고 앉아 단어를 달달 외우는 쪽보다는 훨씬 계획적이고 의욕적이며 성공 확률도 높다. 이와 관련해서 이런 비유를 들고 싶다. A4 용지 한 장을 벽에 붙인다고 가정해보자. 풀을 가장자리 네 곳에 바르는 편이 더 잘 붙을까? 아니면 중앙 한 곳에 듬뿍 바르는 편이 더 잘 붙을까?

하루 세 시간, 심지어 여섯 시간에 여덟 시간씩 기억력 훈련을 하는 사람들이 많은데도 내가 하루 몇 분의 훈련으로—물론 규칙적으로 매일, 혹은 이틀에 한 번씩 훈련했지만—세계 챔피언이 되었다는 사실에는 나 자신도 무척 놀랐다. 그러나 분명 그럴 만한 이유가 있었던 것이다.

LAB 하루 연습 시간은 짧을수록 좋다

한 현장 연구에서 우편 공무원들을 대상으로 타자기와 비슷한 모양의 기계로 타자 연습을 시켰다. 네 집단으로 나누어 각각 매일 한 시간 한 번, 매일 한 시간 두 번, 매일 두 시간 한 번, 매일 두 시간 두 번 연습하게 한 것이다. 연구 결과 하루의 연습 시간이 짧을수록 특정 학습 목표에 도달하기 위한 총 시간은 적어진다는 것이 밝혀 졌다. 즉 하루 한 시간 한 번 연습을 시킨 집단은 45시간 연습 후 평균 분당 70타에 도달하였지만, 매일 두 시간씩 두 번 연습시킨 집단은 같은 수준에 도달하는 데 70 시간이 걸렸다. 50퍼센트나 더 시간을 낭비한 것이다.

EPISODE

기억력 세계 챔피언의 논리

며칠간의 런던 기억력세계선수권대회를 마친 그날 밤 나는 (며칠 동안 완벽한 금주를 실행한 참이라) 맥주를 한 잔 마시러 호텔 바로 내려갔다. 그곳에서 뜻 밖에도 그 대회에서 우승한 영국 선수 도미니크 오브라이언을 만났다. 몇 년 전부터 그는 나의 우상이었다. 그는 고맙게도 나를 자기 곁으로 불렀고 이제 막 딴 맥주를 혼자 마시지 않아도 되어서 좋다고 기뻐했다. 몇 마디 인사를 주고받은 그는 아주 진지한 말투로 물었다. "군터, 지난해에 비해 눈에 띄게 실력이 늘었어요. 어떻게 한 거예요?"

그 대회에서 나는 동메달을 땄다. 하지만 열 가지 종목 중에서 몇 종목에서는 그를 위협할 정도로 좋은 성적을 거두었으며 심지어 두 종목에서는 내가 우승을 거두었다. 나는 이렇게 대답했다.

"기억력에 관한 책에서 주장하는 내용이 틀렸다는 것을 제가 알아냈거든요. 머릿속에 그리는 메모 이미지가 절대 이상하거나 괴상한 것이 아니라는 것을 말입니다. 메모 이미지가 논리적일수록, 논리적인 측면이 많을수록 기억을 더 잘할 수 있습니다."

내 말을 들은 그의 입가에 미소가 번졌다. 그는 우아한 몸짓으로 일어나 맥주잔을 치켜들고 말했다.

"You got it(알아냈군요)!"

우리는 다 안다는 눈빛으로 서로를 바라보면서 맥주잔을 쨍그랑 부딪친 후 맥주를 들이켰다. 그날은 정말 잊을 수 없는 멋진 밤이었다.

그로부터 불과 3년 후 나는 그가 기억력 스포츠에서 은퇴하기 전 처음으로 그를 이겼고, 7년 후에는 꿈에도 그리던 세계 챔피언이 되었다. 너무나 논리적인 말이지만, 논리를 이용해서 말이다.

3부

빨리 외우고 오래 기억하는
뇌의 비밀

scene 21 기억은 구조를 좋아한다

개별 정보의 늪 학습 분량이 많으면 전체를 이해하지 못하고 사소한 개별 정보의 늪에 빠지기가 쉽다. 한마디로 나무만 보고 숲은 보지 못하는 것이다. 그로 인해 학습 효율이 떨어지고 의욕이 저하된다. 학습 방법, 질서, 구조가 요구되는 시점이다.

3부에서는 학습 방법에 대해 이야기하기로 하자. 독자적인 학습 방법으로 확고하게 자리를 잡은 것도 있고(인덱스카드나 마인드매핑), 또 권고의 수준이던 비법을 내가 그 효과를 인정함으로써 정식 학습 방법으로 지위를 격상시킨 것도 있다. 더불어 단순하고 시시하게 느껴지지만 꼭 언급하고 넘어가야 한다고 판단되는 몇 가지 조언들도 있다.

질서 있는 학습

'질서 있는 학습'은 그 자체가 이미 학습 방법이다. 여기서 '질서 있다'라는 말은 두 가지 의미를 지닌다. 학습 내용을 조직하여 머리에 질서를 확립한다는 뜻이자, 학습 환경의 질서를 조성하여(필기, 포스트잇, 파일 등을 이용) 학습의 성과를 높인다는 뜻이다.

따라서 질서 있는 학습 태도를 학습 방법으로 굳히기 위해서는 아래의 조언들을 명심해야 한다. 물론 여기서 이야기하는 모든 조언이 모든 학습 내용에 적용할 수 있는 것은 아니다. 언제 어디서나 통하는 비법은 아니라는 뜻이다. 이 가운데 어떤 것이 자신에게 적합한지, 현재 학습 중인 내용에 적용 가능한지를 꼼꼼히 살피고 판단해야 할 것이다.

- **필기를 한다**: 우리는 자신의 기억력을 과대평가하는 경향이 있다. 특히 귀로 듣는 학습의 경우(강의, 연설, 수업 등)에서 그러하다. 듣는 순간에는 다 알 것 같고 전부 머리에 입력된 것 같지만 몇 시간만 지나도 기억은 흐릿해진다. 이때 필기한 내용을 들여다보면 연관 관계와 중요한 부분들이 떠오른다. 강사의 말 한 마디 한 마디를 다 적어야 한다는 뜻은 아니다. 시간도 부족할뿐더러 쓸데없는 것을 적느라 정작 중요한 것을 놓치기 쉽다. 필기를 할 때는 정말 중요한 것, 정말 흥미로운 것만 골라서 적어야 한다. 귀로 들으면서 손으로 적는 일은 연습만 하면 누구나 다 할 수 있다.
- **질문을 적는다**: 적으면서 머리에 떠오르는 의문점이 있으면 즉각 종이에 옮긴다. 학습을 계속 따라가는 데 중요한 부분이면 그 자리에서 손을 들어 질문을 던지고 그렇지 않은 경우에는 강의가 끝난 후 해결한다.
- **알아볼 수 있게 쓴다**: 필기하는 데만 정신이 팔리면 글씨를 아무렇게나 쓸 수 있다. 그래놓고 나중에 복습을 하기 위해 노트를 펼쳤다가 '아니 이게 무슨 상형문자인가?' 하고 놀랄 수가 있다. 자기가 써놓

고 자기가 못 알아보는 것이다. 알아볼 수 있게 정서하는 습관을 들이자.

- **해독할 수 있는 암호를 쓴다:** 중요한 내용을 나중에 기억하기 위해 핵심 단어나 짧은 문장으로 요약해두는 경우도 많다. 그런데 나중에 아무리 들여다보아도 이런 말을 왜 썼는지 도무지 기억나지 않을 수 있다. 시간을 절약하기 위해 요점만 적는 것도 중요하지만 나중에 이해할 수 없으면 다 무용지물이다.

- **보충한다:** 필기는 전달받은 정보의 뼈대에 불과하다. 최대한 신속하게(망각률이 너무 추락하기 전에) 필기한 내용을 보충해야 한다. 그날 바로 하는 것이 제일 좋다. 특히 핵심 단어만 적어놓은 경우 시간이 많이 흐른 후에도 이해할 수 있게 얼른 내용을 보충해두는 것이 필요하다. 또 이 과정에서 떠오른 의문점도 찾아 해결한다.

- **구조화한다:** 여기서 한 걸음 더 나아가 전체 학습 내용을 세심하게 구조화한다. 학습 내용의 근간이 되는 조직, 노선이 있는가? 그것을 파악하면 학습도, 이해도, 기억도 훨씬 수월해진다. 학습의 뼈대에 세부 정보와 개별 사실들, 추가 정보를 배열하고 배치할 수 있다. 우리의 기억은 구조를 좋아한다. 카오스는 질색이라고 느낀다.

- **쪽지에 쓰지 마라:** 열심히 필기를 해놓고도 나중에 쪽지들이 사방으로 흩어져 찾지 못하는 일이 많다. 쪽지보다는 노트를 마련하는 편이 좋고 낱장 종이에 적었다면 파일이나 바인더로 묶어야 한다.

- **포스트잇의 파워:** 예외가 있다. 기억용 쪽지다. 제일 어려운 정보나 잘 안 외워지는 단어를 포스트잇에 적어서 집안 곳곳(침대 머리맡, 화

장실, 부엌 등)에 붙여놓고 볼 때마다 외우는 습관을 들이자. 시도 때도 없이 마주치는 이 포스트잇이 지닌 힘에 놀라게 될 것이다.

- **파일을 이용하자:** 시간이 갈수록 학습의 흔적은 쌓여만 간다. 해마다 쌓여가는 노트며, 파일 속지며, 쪽지며……. 이걸 다 어떻게 할 것인가? 처음부터 정리하기 편하게 준비해두자. 파일을 사서 주제별로 분류해두고 새로운 정보가 나타날 때마다 해당 파일에 집어넣으면 된다. 나중에 찾을 때도 손쉽다(컴퓨터에 정리 정돈을 할 때도 이 시스템이 편하다).

- **아이디어 박스:** 새로운 아이디어, 재미난 생각, 질문, 착상은 종이에 적어 정한 장소에 모아두고 시간 날 때마다 뒤적여보라. 당신의 머릿속에 든 보물이 사라지지 않도록!

NOTE

동전 수집가들은 동전을 큰 상자에 아무렇게나 던져두지 않는다. 자신이 정한 원칙에 맞추어 분류하고 정렬한다. 지식 수집가도 마찬가지다. 질서 있는 학습도 약간의 훈련과 노력이 필요하다. 결과적으로 노력보다 더한 기쁨과 즐거움으로 되돌려받을 수 있다. 흥미 있는 정보를 언제라도 불러낼 수 있고 지식의 보물 창고를 지을 수 있으며 더 많은 것을 이해할 수 있을 테니 말이다.

scene 22 암기력을 확실하게 개선하는 도구

인덱스카드 너무나 유명하지만 많은 사람들이 잘못 알고 있는 방법이다. 이 효과적인 학습 시스템은 장기적인 지식 저장에 없어서는 안 될 필수품이다. 단어 같은 학습 내용을 인덱스카드에 적고 학습 수준을 판단한 다음 올바른 시간 간격을 두고 복습하는 것이다. 처음엔 시간과 노력이 제법 들지만 시간이 갈수록 확실한 암기 효과라는 맛난 열매를 풍성하게 거둘 것이다.

단어장은 매우 실용적이고 효과적이다. 새 단어를 뜻과 함께 기록하고 시간이 나는 대로 보면서 외우는 것이다. 하지만 몇 가지 문제점이 있다. 복습할 때 뜻이 적힌 부분을 완전히 가리지 않으면 무의식적으로 곁눈질하여 훔쳐본 뜻을 내가 정말 알고 있다고 착각하는 것이다. 자기기만이다. 또 그냥 쭉 나열해두면 처음부터 전부 반복해야 한다. 이 경우 이미 암기가 완료된 단어까지 계속 반복하게 된다. 나름대로 머리를 짜내서 단어 옆에다 '암기 완료', '암기 필요' 등 표시를 하기도 하지만 그것도 한계가 있고, 자꾸 하다 보면 알록달록한 표시가 공책에 가득해 더 정신이 없어진다.

그래서 단어를 외울 때는 다른 방법이 훨씬 효과가 크다. 바로 인덱스카드 활용법이다. 새로 배운 단어를 카드의 앞면에 쓰고 그 뜻과 몇 가지 예문을 뒷면에 쓴다. 들고 다니기 편하면서 공간도 풍부한 A7 사이즈를 권하고 싶다. 그것도 부담스러우면 A8 사이즈도 괜찮다. 더불어 카드 정리함도 장만한다. 하나 장만 하면 오래 두고 쓸 수 있으니 경제적으로 큰 부담은 안 될 것이다. 외국어를 여러 개 배울 경우엔 각 언어마다 다른 색깔의 카드를 구입하는 것이 좋다.

> **NOTE**
>
> 인덱스카드는 단어 암기뿐 아니라 전문용어, 역사 연도 및 사건, 흥미로운 사실이나 이름을 외우는 데에도 매우 유익하다. 이 방법은 예상외로 어린아이들에게도 효과가 크다. 내 딸은 인덱스카드 활용법을 네 살에 시작해 여섯 살이 될 때까지 영어 단어 700개를 외웠다.

인덱스카드 활용법

이제 카드 정리함을 다섯 칸으로 나누어 각 칸마다 의욕을 북돋아 주는 이름을 붙인다.

- **첫 번째 칸**(새 단어): 이 칸으로 시작한다. 새로 배운 단어(다음 수업 시간까지 외워 가야 하는 20개)가 적힌 카드를 이곳에 보관한다. 이 칸의 단어를 하루 두 번 이상 복습한다. 확실히 뜻을 외운 단어는 두 번째 칸으로 이동해 보관한다.
- **두 번째 칸**(외웠다!): 이 칸은 단어를 배운 후 1~3일 동안 복습한다. 단어의 뜻을 확인하기 위해 카드를 돌릴 때는 머릿속에 답이 확실히 떠오를 때까지 기다렸다가 돌려야 한다. 그냥 휙 돌려서 뜻을 확인

하는 식으로는 절대 실력 향상을 기대할 수 없다. 단어를 확실히 외웠다 싶으면 다음 세 번째 칸으로 이동시킨다. 확신이 없거나 여러 가지 뜻 중에서 한 가지밖에 못 외웠을 경우엔 두 번째 칸에 그냥 둔다. 전혀 기억이 안 날 경우에는 첫 번째 칸으로 다시 옮긴다.

• **세 번째 칸**(좋아!): 이 칸의 카드는 일주일에 한 번 복습한다(앞의 두 칸의 단어를 복습한 다음 추가로 복습해야 한다). 단어를 문제없이 다 외웠다면 다음 칸으로 넘긴다. 모르겠거나 확실히 암기를 못 한 경우엔 진지하게 카드를 어디로 옮길지 고민한다. 그냥 세 번째 칸에 둘 것인지, 두 번째나 첫 번째로 옮길 것인지 생각해본다. 나머지는 두 번째 칸에서 설명한 내용과 동일하다.

• **네 번째 칸**(완전 좋아!): 이 단어들은 거의 완벽하게 외웠기 때문에 한 달에 한 번만 외워도 충분하다. 단어의 뜻이 금방 떠오르거든 다섯 번째 칸으로 옮긴다. 나머지는 앞에서 설명한 내용과 동일하다.

• **다섯 번째 칸**(완벽해!): 이 칸에 도달한 단어들은 이 칸의 이름처럼 '완벽하게' 암기한 것들이다. 그렇지만 3~6개월에 한 번씩은 점검해보는 것이 좋다. 3~6개월 후에도 기억이 잘 나면 이제 앞으로는 평생 동안 잊어버리지 않을 것이다. 그러면 이 카드를 어떻게 처리할 것인지 고민이 된다. '잊지 않을 수 있어'라고 다짐하는 뜻에서 버리거나 태워도 좋고, 추가로 '다 알아'라는 여섯 번째 칸을 만들어 거기다 보관을 해도 좋다(한 번씩 열어보면 내가 이걸 다 암기하고 있다는 사실에 흐뭇해질 것이다).

인덱스카드에 텍스트를 정리할 때는 중요한 부분만 골라서 최대한 일목요연하게 정리해야 한다. 복잡한 화학 반응 공식이나 역사적인 사실, 수학 문제 풀이 같은 복잡한 내용은 카드가 아닌 다른 방식으로 공부하는 편이 낫다. 카드를 만들어 일일이 단어와 뜻을 적자면 시간과 노력이 많이 든다. 이런 노고를 덜어주기 위해 다양한 분야(영어 단어, 의학, 법학 등)의 암기용 학습카드가 시중에 나와 있다. 또 컴퓨터 프로그램을 이용하면 무료 혹은 유료로 다양한 카드를 제공받을 수 있다. 대표적인 프로그램으로는 SuperMemo, jMemorize, CoboCards 등이 있다.

> **NOTE**
>
> 직장인을 위한 특별 조언! 직장 생활을 하다 보면 사람 이름 외우기가 쉽지 않다. 이때에도 이름 카드를 만들어 규칙적으로 외우는 습관을 들이면 생각보다 큰 효과를 얻을 수 있다. 상대적으로 짧은 시간 안에 약점이 장점으로 바뀌는 경험을 하게 될 것이다.

scene 23 기억을 돕는 마킹
vs 기억을 방해하는 마킹

마킹 학습 교재의 중요한 부분에 마킹을 하는 것은 좋은 학습 비법이다. 복습하기도 쉽고, 어떤 부분이 중요한지, 어디에 마킹할지를 결정하는 과정에서 이해력과 기억력이 높아진다. 하지만 잊지 마라! 여기서도 적을수록 좋다(전체를 거의 다 형광펜으로 뒤덮은 책을 한번 상상해보라. 정신이 산란해 학습 효과가 오히려 떨어진다).

디지털 시대라고는 하지만 우리 학습의 대부분은 텍스트(책이나 강의 원고, 기사, 논문 등)를 통해 이루어진다. 그런데 텍스트는 100퍼센트 새롭거나 중요한 정보로 채워지는 것이 아니다. 오히려 의미 있는 정보들을 찾아내 이해하고 기억하기 위해서 텍스트를 읽는다.

물론 저자에 따라서는 중요한 핵심 문장이나 기억해야 할 사실들을 두꺼운 글씨나 다른 글씨체, 밑줄 등으로 표시해주는 경우도 있다. 하지만 어차피 의미 있는 부분을 찾는 선별 작업은 주관적이고, 또 대부분의 저자들은 그런 수고를 하지 않는다. 그러니 직접 텍스트를 살펴서 형광펜이나 색연필로, 아무것도 없으면 연필을 써서라도 직접 표시하는 수밖에 없다.

마킹의 기술

마킹의 긍정적 효과는 두 가지를 꼽을 수 있다. 첫째, 소극적인 읽기를 적극적인 정신 활동으로 변화시킨다. 내가 아는 정보인가, 얼마나 흥미로운가, 얼마나 중요한가를 끊임없이 점검해야 하기 때문이다. 둘째, 마킹을 해두면 복습할 때 그 부분만 집중하면 되니 훨씬 효율적이다. 마킹이 실제로 기억률 향상으로 이어지기 위해 필요한 몇 가지 중요한 점을 알아보자.

- **직접 마킹하라:** 딴 사람이 마킹해놓은 부분을 무작정 외울 것이 아니라 직접 마킹을 해야 더 효과가 크다(특히 13세 이하의 아동인 경우).
- **아껴서 마킹하라:** 색깔을 달리해서 책 전체를 마킹으로 뒤덮은 텍스트가 많이 있다. 그런 마킹은 기억을 돕기는커녕 더 방해한다(그냥 다 읽었다는 자부심을 느끼기 위해서 그런 마킹 테러를 자행하는 사람도 적지 않다).
- **한 문장을 통째로 마킹하지 마라:** 한 문장을 전체 다 마킹하지 마라. 중요한 부분, 중요한 단어에 집중하라(가능하다면 마킹으로 짧은 문장을 만드는 것도 좋다).
- **마킹의 규정을 만들지 마라:** 위에서 언급한 실수를 피하기 위해 스스로 마킹의 횟수를 제한하는 사람들이 있다. 예를 들어 '한 페이지당 5회 이하'와 같은 식으로 규정을 정하는 것이다. 하지만 그것은 좋은 방법이 아니다. 중요한 정보가 많은 페이지엔 마킹 숫자도 늘어날 것이고 전혀 없을 경우엔 마킹을 아예 안 한 페이지도 있을 수 있다. 마킹의 기준은 중요도이지 횟수가 아니다.
- **텍스트를 두 번째 읽을 때 마킹하라:** 어려운 텍스트를 읽다 보면 다

중요하다는 느낌이 든다. 다 줄을 쳐야 하나, 다 표시를 해야 하나 갈등이 생긴다. 이럴 때는 일단 텍스트를 처음부터 끝까지 읽은 다음, 다시 한번 읽으면서 마킹을 하는 방법이 좋다(물론 한 번만 읽어도 이해가 되는 쉬운 텍스트에는 해당이 안 된다). 또 다른 방법으로는 처음 읽을 때 노란색으로 마킹을 했다가 두 번째 읽으면서 그 노란 마킹 중에서 더 중요한 부분을 다른 색으로 마킹하는 것이다. 눈에 잘 들어오는 초록이나 빨강 형광펜이 좋다.

- **여백을 활용하라:** 마킹을 하고 그 옆 여백에 나름의 평가를 덧붙이면 효과가 크다. 예를 들어 '굿 아이디어', '맞아!', '정말?'과 같이 적어 둘 수 있다. 아니면 느낌표나 물음표 등을 써넣는 것이다. 나름대로 기호를 정해서 복습이 반드시 필요한 경우 '필!', 시험에 중요한 경우 '중요!'와 같은 식으로 써넣는 것도 좋은 방법이다.

마킹을 마쳤다고 해서 그 정보가 내 것이 되지는 않는다. 그것으로 자기만의 텍스트를 작성하는 등 마킹한 부분을 활용해야 한다. 마인드맵이나 도표 작성 같은 다른 방법을 추가로 활용해 중요한 부분을 일목요연하게 정리한다(scene 27을 참고할 것).

나는 책을 읽을 때마다 제일 앞 장에 언제부터 읽기 시작했는지, 언제 다 읽었는지 기록한다. 그리고 서명을 한다. 그러면 책과 개인적인 유대 관계가 더 깊어진다. 책을 읽을 때는 중요한 부분에 마킹을 하고 위쪽 여백에 그 페이지에서 가장 중요한 구절을 적는다. 한 장이 끝나면 그 장에서 마킹한 부분을 다시 한번 복습한다.

책을 한 권 다 읽었을 때도 마킹한 부분을 다시 훑어보면서 책 마지막 장의 여백에 내 나름대로 정리한다.

LAB · 마킹의 기본 원칙

267명의 실업학교 9학년생들을 대상으로 실험을 실시했다. 이 실험에서 '그냥' 마킹은 학습에 별 도움이 안 된다는 사실이 밝혀졌다. 눈에 띄는 학습 효과를 거두기 위해서는 정확한 마킹의 기본 원칙을 먼저 습득해야 하는 것이다.

실험에서는 학생들을 세 집단으로 나누었다. 첫 번째 집단은 학습 내용을 눈으로만 읽도록 했고 두 번째 집단은 마음대로 마킹을 하게 했으며 세 번째 집단을 상대로는 사전에 한 시간 동안 5단계 마킹 방법을 가르쳤다. ①전체를 쭉 읽는다. ②단락을 집중해 읽는다. ③마킹한다. ④마킹한 부분을 복습한다. ⑤마킹한 부분을 암기한다. 이어 시험을 실시했더니 세 집단의 차이가 극명했다. 훈련을 시키지 않고 마킹을 하게 한 집단은 눈으로 읽은 집단과 성적의 차이가 크지 않았다. 하지만 훈련을 시킨 세 번째 집단은 40퍼센트 이상의 성적 향상을 나타냈다.

scene 24 시공간적 기억력과 이미지 기억력

마인드매핑 중요한 핵심 개념을 특정한 규칙에 따라 종이로 옮기는 그래픽 학습법이다. 두 가지 장점이 있다. 첫째, 마인드맵을 만들면서 뇌의 정보를 깊이 있게 소화할 수 있다. 둘째, 탁월한 시공간적 기억력과 이미지 기억력을 이용할 수 있다. 즉 깊이 있는 이해가 가능하며 기억률도 높아진다.

마인드매핑 학습법은 1970년대에 마인드맵이라는 개념을 만들어 상표권과 저작권 등록을 한 토니 부잔Tony Buzan에 의해 시작되었다. 토니 부잔은 수많은 관련 서적과 세계적인 강연 및 대형 행사를 통해 이 방법을 전 세계로 보급했다(예를 들어 그는 축구 경기장에 6000명의 학생들을 모아놓고 수업을 했다). 그는 또한 세계기억력선수권대회의 창립자이자 조직자이기도 하다. 때문에 나는 그를 잘 아는데, 그의 창의적인 사고에 거듭 감탄하곤 한다. 마인드매핑 세계선수권대회도 있다.

두 가지 인지 시스템

마인드매핑의 기본 원리는, 정보를 우리가 흔히 생각하는 대로 단선적으로 차례차례 배열하는 것이 아니라 중심(주제)에서 출발하여 가지를 치며 자라는 나무처럼 기록하는 것이다. 이런 방식의 기록은 우리 뇌의 작동 방식을 반영한 것이다. 우리의 뇌 역시 현재의 지식 수준에 맞추어 정보를 나뭇가지 모양으로 뻗어나가는 복잡한 뉴런의 그물망에 저장한다. 토니 부잔은 레오나르도 다 빈치가 공책에 아이디어와 고민을 타원형의 그물망 모양으로 배열해 그린 그림을 보고 마인드매핑의 영감을 얻었다고 한다.

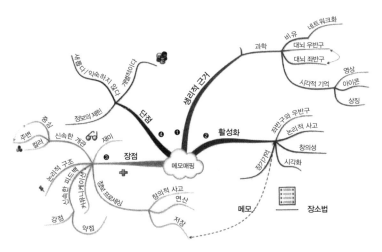

메모매핑 학습법을 주제로 컴퓨터 프로그램을 이용하여 작성한 마인드맵의 사례. 중앙에서 출발한 네 개의 큰 가지(①생리적 근거, ②활성화, ③장점, ④단점)와 그에 대한 설명을 붙인 작은 가지들이 보인다.

앞에 삽입한 그림은 마인드매핑의 가장 중요한 특징을 설명하기 위해 내가 컴퓨터 프로그램을 이용하여 작성한 마인드맵이다. 내가 추가한 두 가지 기억력 개선에 관한 부분(가지에 매긴 번호와 가지라는 개념을 장소와 연관시킨 것) 때문에 나는 이것을 특별히 '메모매핑'이라고 부른다.

마인드매핑은 상대적으로 배우기가 간편하다. 하지만 몇 가지 유의해야 할 기본 규칙이 있다.

- 종이 한가운데 주제를 사진이나 그림보다는 단어로 적는다.
- 종이에 줄이 그어져 있으면 안 되고 될 수 있는 대로 큰 종이를 사용한다.
- 종이를 우리가 흔히 하듯 세로로 세우지 말고 가로로 놓는다. 그래야 종이의 여백을 최대한 활용할 수 있다. 또 이 편이 우리의 시각에도 더 자연스럽다. TV 화면을 생각해보라.
- 주제를 중심으로 4~12개의 큰 가지를 그린다. 가지 위에 핵심 단어들을 쓸 때는 영어는 대문자로, 한글은 굵은 글씨로 쓴다.
- 큰 가지는 최대 다섯 개의 가지를 칠 수 있다. 핵심 단어에 관한 중요한 추가 정보들을 적는다.
- 이 가지들은 다시 더 작은 가지로 뻗어나가게 그린다. 중요한 추가 정보들을 기록한다.
- 마인드맵은 최대한 컬러로 작성한다.
- 가능하면 기억력 향상을 위해 2차원이나 3차원 그림, 사진 등도 이용한다.
- 점선으로 연상, 결합, 상호 관계를 표현한다.
- 큰 가지에 시계 방향으로 번호를 붙이고 장소법과 결합한 것을 나는 메모매핑이라 부른다.

이것 역시 효율적으로 활용하려면 약간의 연습이 필요하다. 그럼에도 나는 학습 과제, 프로젝트 구상, 아이디어 창출, 업무 계획에 마인드매핑을 적극 활용하는 사람들을 많이 알고 있다.

마인드맵이나 그 비슷한 방법들(예를 들어 1970년대에 미국의 교수 조셉 노박Joseph Novak이 개발한 '콘셉트매핑')이 학습 능력 향상에 얼마나 기여하는지를 연구한 실험의 결과들은 상당히 엇갈린다. 10~40퍼센트 이상의 학습 능력 향상을 보인 경우도 있었고 전혀 장점을 확인하지 못한 경우도 있었다. 다른 학습법에 못 미치는 결과를 보인 경우도 몇 번 있었다.

그럼에도 불구하고 나는 마인드매핑 학습법이 특히 그림을 좋아하고 잘 그리며, 창의력과 상상력이 우수한 사람들에게 큰 도움이 될 수 있다고 본다. 그렇지 않은 사람들도 그림을 그리면서 학습의 재미와 의욕이 되살아날 수 있을 것이다. 또 내 경험으로 보건대 남성보다는 여성이 이 학습법에 잘 맞는다.

NOTE

마인드매핑의 효과는 학습 내용 중에서 핵심 단어를 선별하고 이것을 공간적으로 배열하려고 노력하는 과정에서 보다 깊이 있는 학습이 가능할 뿐만 아니라 단어와 사진, 그림, 그래픽을 동시에 이용한다는 데 있다. 인간은 학습을 할 때 두 가지 인지 시스템—언어 및 구상적 시스템—을 활용하여 정보를 처리하고 저장한다. 바로 이런 이중 기호화에 적합한 것이 마인드맵이다.

scene 25 길고 복잡한 텍스트를
장기기억으로 데려가는 기술

PQ5R 분량이 많고 복잡한 텍스트를 이해하고 소화하여 기억하려면 독서만으로는 안 된다. 7단계의 텍스트 소화 과정을 거쳐야만 가능하다. 그 7단계를 일컬어 'PQ5R' 이라 부른다.

지식을 쌓으려면 당연히 논문이나 원고, 잡지, 책 등을 읽어야 한다. 그리고 그 안에 기록된 글자들을 읽는 과정을 우리는 독서라고 부른다. 문제는 독서만으로 그 복잡한 내용을 다 이해하고 파악하여 기억할 수 있다고 믿는 사람이 의외로 많다는 것이다. 책을 덮는 순간에는 다 이해했다고 생각하지만 막상 나중에 확인해보면 불명확한 부분, 수많은 의문점이 고개를 내민다.

7단계 텍스트 소화 과정

단순한 독서를 넘어서 학습 내용의 대부분을 확실히 장기기억으로 데려가려는 여러 가지 방법들이 오래전부터 개발되어왔다. 여기서 소개하려는 학습법은 1972년에 토마스^{E. L. Thomas}와 로빈슨^{H. A. Robinson}이 개발한 'PQ4R 학습법'을 내가 보충, 변형시킨 것이다. PQ4R 역시 1961년 로빈슨^{F. P. Robinson}이 개발한 'PQ3R 학습법'을 개량한 것이었다. PQ5R이라는 명칭은 길고 복잡한 텍스트를 소화하기 위한 일곱 가지 중요 단계를 뜻하는 단어의 앞 글자를 따서 만들었다. 그 일곱 가지 단어는 다음과 같다.

① Preview(미리 보기)

텍스트 전체를 빠르게 훑어보면서 주제와 구조, 중점을 대충 파악한다. 목차와 제목은 반드시 확인해야 하며, 색인도 읽어야 한다. 이 첫 단계는 두 번째 단계와 함께 '점화 효과'(scene 3 참고)의 중요한 측면을 이용한다. 두꺼운 책은 장별로 나누어 훑는다.

② Question(질문하기)

훑어본 텍스트에 관해 질문을 작성한다. 각 장의 제목을 흥미로운 질문의 형태로 바꾸는 방법이 편하면서도 효과가 좋다. 또 텍스트에서 대답해주리라 기대되는 질문을 작성해본다. 이 단계를 거치면서 우리의 뇌는 호기심 모드로 전환되고 흥미와 관심이 치솟는다.

③ Read(읽기)

이제 평소에 우리가 하던 대로 텍스트를 쭉 읽는다. 앞선 두 단계를 거치면서 이미 뇌가 학습 내용을 준비(점화)하였기 때문에 아무 준비 없이 무작정 독서를 시작한 경우보다 텍스트 내용을 더욱 확실히 이해할 것이다. 독서를 할 때에는 2단계에서 작성한 질문들에 만족할 만한 대답이 텍스트에 들어 있는지 꼼꼼히 확인한다. 또이 단계에서는 마킹을 해야 한다(scene 23 참고). 단 남한테 빌린 책에 마킹하는 것은 당연히 안 된다.

④ Reflect(깊이 생각하기)

이성이 활동을 개시하는 단계이다. 집중적으로, 비판적으로 텍스트에 대해 생각하면서 새로운 정보들을 서로 연결하고 논리를 파악하며 텍스트의 내용과 관련된 사례와 비유를 찾는다. 장기기억에 저장된 옛 정보들을 최대한 활용하려 노력해야 한다. 또 이과정에서 떠오른 질문들은 반드시 기록해둔다. 이 성찰의 단계가특히 중요한 이유는 이 단계를 거치면서 세 번째 단계에서 받아들인 내용들에 의미를 부여할 수 있기 때문이다.

⑤ Recite(낭독하기)

지금까지 배운 내용을 기억에서 끌어내어 직접 낭독을 한다. 이적극적 과정을 통해 지금까지 희미하게 저장된 기억의 내용들이단단해지고 여기저기 산재한 지식의 구멍이 드러난다(생각이 안 날때는 슬쩍 텍스트를 다시 보아도 좋다). 또 학습 내용이 청각을 통해서도기억에 닻을 내린다.

⑥ Recapitulate(개요 정리하기)

이 단계에선 중요한 사실이나 인식의 요점을 자기 말로 간결하게 정리한다. 마인드매핑이나 메모매핑을 이용해도 좋다(scene 24 참고). 또 그래픽이나 그래프, 다이어그램 등을 사용해도 좋다. 이 과정을 거치면 앞에서 미처 이해하지 못한 부분까지 확실히 파악할 수 있다.

⑦ Repeat(다시 떠올리기)

장기기억을 위해서는 복습이 필수적이다. 6단계에서 만든 요점 정리를 그다음 날에 복습한다. 그리고 적절한 간격을 두고 계속 반복한다. 물론 언제라도 내용 추가가 가능하다.

LAB 정확한 대답을 한 쪽은?

한 실험에서 특수한 질문을 염두에 두고 독서를 할 경우 이해력이 얼마나 향상되는지 테스트했다. 그 결과 실제로 특수한 질문을 염두에 두고 독서한 집단은 비교 집단에 비해 정확한 대답을 한 비율이 두 배 이상이었다(정답율이 비교 집단은 30퍼센트, 실험 집단은 72퍼센트였다).

scene 26 제스처나 동작으로 암기율을 높인다

텍스트 학습법 우리의 기억은 애당초 단순 암기에는 재능이 없다. 텍스트가 원래 전하고자 하는 메시지에만 관심이 있기 때문이다. 그럼에도 텍스트를 암기하는 데 유용한 방법은 존재한다. 그 방법을 잘 활용하면 배우나 연설가처럼 긴 텍스트도 확실히 머리에 저장해두었다가 기억해낼 수 있을 것이다.

요즘엔 옛날에 비해 긴 텍스트를 암기해야 하는 상황이 많이 줄었지만 그래도 여전히 내용을 꼭 외워야 하는 경우가 있다. 때때로 시를 암송하거나 노래 가사를 외우거나 연극을 하기 위해 대사를 외워야 한다. 또 수학 공식이나 정의, 법 조항 등도 이해를 하기보다는 무조건 외우는 것이 학습에 도움이 된다.

하지만 우리의 기억은 원래 단어 하나 틀리지 않고 달달 외우는 방식에 익숙하지 않다. 그 부분의 능력은 매우 한정적이다. 진화를 거치면서 우리의 뇌는 메시지의 의미를 파악하는 쪽으로, 원래 전달하고자 하는 정보를 일반적으로 이해하는 쪽으로 발달했기 때문이다.

노래하듯이

우리의 뇌는 의미와 관계없이 모든 소리를 흡수하는 녹음기와는

다르다. 중요한 정보를 추출한 다음 그것만 저장하도록 프로그래밍되어 있다. 개별 단어는 중요하지 않다고 보고 무시한다.

그럼에도 우리에겐 매우 긴 텍스트도 암기할 수 있는 능력이 있다. 아래에서 소개할 몇 가지 방법을 잘 활용한다면 누구나 배우나 연설가 못지않은 암기력을 자랑할 수 있을 것이다.

운율이 맞는 텍스트는 암기하기가 훨씬 수월하다. 《일리아드》나 《오디세이》 같은 고대의 작품이나 종교서, 시 등의 운율도 암기와 관련이 있을 것이다. 운율에 숨은 청각적 기억력을 이용하면 수백, 수천 페이지의 텍스트도 노래 부르듯 완벽하게 암기할 수 있다.

> **NOTE**
>
> 기억력세계선수권대회의 한 종목은 15분 동안 최대한 많은 텍스트를 정확하게—문장 부호와 문단 바뀜까지 다 포함하여—암기하는 것이었다. 그런데 보통 텍스트보다 운율이 있는 텍스트의 경우 암기율이 두 배, 심한 경우 세 배까지 더 좋았다. 그런데 테스트에 사용하는 텍스트가 서로 다르고 다른 언어로 번역한 경우 평가가 어렵다는 문제 등으로 2005년 이 종목은 폐지되었다.

암기의 기술

구체적으로 텍스트 암기력을 높일 수 있는 방법들은 다음과 같다.

- 전체적인 파악을 위해 텍스트 전체를 쭉 한번 훑어본다.
- 짧은 분량으로 나누어 암기한다. 전체를 한꺼번에 다 외우려고 해서

는 안 된다. 뇌에 부담이 된다.

- 자주 반복하여 학습한다. 평균적으로 20회, 100회, 200회의 복습이 필요하지만 사람에 따라서는 횟수를 더 늘려도 좋다.

- 텍스트를 암기할 때는 이것이 말하고자 하는 바가 무엇인지, 왜 이런 표현을 썼는지 곰곰이 생각한다(뜻도 모른 채 무조건 달달 외우는 건 의미도 없을뿐더러 훨씬 더 힘들다).

- 텍스트를 최대한 이미지로 만들어 영화처럼 눈앞에 그려본다.

- 어려운 문장을 이미지로 바꾼다. 예를 들어 "경박함과 우둔함은 이웃이다"라는 문장이 있다고 치자. 그러면 '가벼운 바가지와 우둔살이 나란히 놓여 있는 장면'을 상상한다.

- 텍스트가 다루는 상황이나 환경을 상상하고 그에 맞는 감정이나 느낌을 몸으로 느껴본다. '암기'라는 뜻의 영어 표현은 'to learn by heart'이다. 말 그대로 심장으로 배운다는 뜻이다. 옛날 사람들은 심장이 기억을 지닌다고 믿었다.

- 텍스트를 큰 소리로 힘주어 낭송한다.

- 텍스트를 녹음기나 음성 파일에 저장하여 자주 들으면서 따라해본다. 오디오매틱 언어 학습 유형의 경우 특히 이 방법이 효과가 좋다(scene 41 참고).

- 텍스트를 여러 번 베껴 적는다.

- 보통 노래 가사는 잘 외우지 않는가! 멜로디를 붙여 노래처럼 부른다.

- 옛날 사람들은 암기할 때 가만히 앉아서 하지 않고 왔다 갔다 걸어 다녔다. 요즘도 중국 학교에선 이런 공부 방법을 쓴다고 한다. 연극

배우들도 대사를 암기할 때 걸어다니면서 외우며, 볼프강 폰 괴테도 이 방법을 썼다고 한다.

- 사이사이 얼마나 암기를 했는지 체크한다(안 그러면 외운 것을 또 외우느라 쓸데없이 시간을 잡아먹는다).

- 제스처나 동작을 활용하면 암기율이 훨씬 높아진다는 연구 결과가 있다(배우들이 긴 대사를 아무 어려움 없이 외우는 비법이다).

- 시를 외울 때 한 행을 빼먹는다든지 순서가 뒤죽박죽된다든지 하는 사고가 일어날 수 있다. 이때는 각 행의 첫 글자를 장소법을 이용하여 이미지로 저장하면 도움이 된다.

LAB 연극배우처럼 외워라

미국에서 한 여성 심리학자와 배우가 실험을 실시했다. 대학생들을 두 집단으로 나누어 한쪽에게는 '평소 하던 대로' 텍스트를 암기하게 했고 다른 쪽에게는 연극배우처럼 텍스트를 자기 인생의 특정한 상황으로 설정하여 동작을 섞어가며 외우게 했다. 그랬더니 기억률이 14퍼센트 대 38퍼센트로, 후자가 월등히 높았다.

scene 27 단순한 그래픽의 힘

시각의 활용 학습 정보 중에는 까다롭고 복잡하며 일목요연하지 못한 것들도 많다. 또 정보 전달의 능력이 탁월한 우리의 언어에도 한계는 있다. 이럴 때 적당한 시각적 표현을 활용하면 인간의 다양한 능력을 동시에 이용하여 학습 효과를 높일 수 있다.

앞에서 이미 설명한 바와 같이 시각화 방법은 학습에 최대한 활용해야 한다. 즉 어떤 정보도 항상 이미지로 만들려는 노력을 해야 한다는 것이다. 특히 학습 내용이 복잡할 경우 정보의 이미지화는 보다 깊이 있는 이해를 선사할 뿐더러 장기적인 기억에 큰 도움을 준다.

'수천 마디 말보다 그림 한 장이 낫다'라는 말이 있다. 주로 광고에서 사용되는 말인데, 자연과학, 수학, 정치, 역사 등 거의 모든 부문의 학습에서도 중요하고 의미 있는 명언이다.

시각화의 효과를 보기 위해서는 학습 교재에 들어 있는 그림이나 사진을 활용해도 좋고 책이나 인터넷에서 이미지를 수집할 수도 있다. 또 직접 만든 '학습 이미지'도 큰 효과가 있다. 이런 시각적 표현의 활용은 다음과 같은 여러 가지 장점이 있다.

- 순수 문자 전달 방식보다 복잡한 정보를 더 쉽게 이해할 수 있다.

- 기억률이 높아진다.

- 문자 정보와 이미지 정보의 균형을 잘 맞추면 깊이 있는 학습이 가능하다(텍스트와 그래픽을 자주 오가면서 학습을 하면 이해력이 월등하게 높아진다).

- 그래픽의 개별 요인들을 분석하는 과정에서 보다 심도 있는 새로운 질문들이 떠오를 수 있다.

- 그래픽이 설사 틀렸다 해도 오류를 파악하는 과정에서 이해가 깊어지고 깨달음을 얻을 수 있다.

수천 마디 말보다 그림 한 장이 낫다

학습을 도와주는 시각적 표현의 종류는 실로 다양하다. 여러 가지 색깔을 사용하면 이해력도 높아지고 기억력도 좋아진다. 몇 가지 중요한 그래픽의 종류와 활용 분야를 알아보자.

그래픽 학습 방법의 종류

- 조직도: 위계 구조, 상위개념과 하위개념, 종속 관계 등의 설명에 적합하다.

- 사이클 다이어그램: 원을 그리며 진행되는 과정, 원형으로 서로 분리된 요인들, 악순환, 선순환 등을 설명하기에 적합하다.

• 곡선그래프: 시간에 따른 한 단위의 변화를 설명하는 데 적합하다. 또 두 변수의 관계를 일목요연하게 보여준다.

 • 막대그래프: 곡선그래프와 비슷하게 활용할 수 있다. 다만 지속적인 변화 과정을 보여주기보다는 변수들의 개별 막대를 비교하기에 더 적합하다.

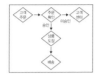 • 플로 다이어그램flow diagram: 서로 관련이 있는 작업의 진도나 과정을 보여주기에 적합하며, 인과관계나 상호 영향을 주는 상황을 설명하기에 좋다.

 • 3차원 그래픽: 실물에 가까운 3차원 그림이나 그래픽은 복잡한 구조나 조직, 지층 등을 설명하는 데 매우 적합하다.

3차원 실물 모형도 학습에 큰 도움을 줄 수 있다. 말 그대로 정보를 내 '손아귀에 거머쥘' 수 있다. 플라스틱으로 만든 사람의 무릎 뼈나 수력발전소 시설 모형을 한번 떠올려보라. 눈으로 볼 수 있으니 직접 본 것처럼 이해가 잘될 것이다. 하지만 그런 모형은 혼자서는 만들 수 없다. 다른 사람의 도움이 있어야만 쓸 수 있는 교재이다. 반면 2차원 그림은 혼자서도 그릴 수 있다. 그래픽, 그림 그리기 프로그램을 이용하면 더 멋진 작품이 탄생할 것이다. 동시에 창의력도 쑥쑥 커진다.

NOTE

학습 내용이 복잡하면, 그것을 어떻게 하면 최대한 단순한 그래픽으로 표현할 수 있을지 고민해보라. 일단 앞에서 설명한 여러 가지 종류 중에서 자신에게 맞는 종류를 선택하고 학습 내용의 중요한 측면이 무엇인지 찾아낸 후 그것을 어떻게 시각적 표현으로 옮길 수 있을지 고민한다. 처음엔 지울 수 있도록 연필로 이런저런 시도를 해보라. 결과에 만족하거든 몇 시간, 혹은 하루 이틀이 지난 후에 다시 한번 살펴보고 그때에도 만족한다면 최종 버전으로 선택한다. 물론 이 방법을 모든 학습에 활용할 수는 없다. 예를 들어 영어 단어를 외울 때는 도움이 안 되는 방법이다. 그리고 항상 좋은 아이디어가 떠오르는 것도 아니다. 그래도 혼자서 노력하여 그려보는 과정 자체가 학습에 큰 도움이 된다.

scene 28 비유가 필요한 순간

비유 너무 복잡해서 아무리 시간을 투자해도 효과가 나지 않는 학습 내용들이 있다. 바로 이때 비슷한 상황에서 이미 깨달은 지식을 활용하여 비유를 찾아내면 정말 큰 효과를 거둘 수 있다.

비유를 뜻하는 '애널로지analogy'라는 말은 그리스어로 '유사성'이라는 의미다. 비유는 이미 알고 있는 전혀 다른 분야에서 비슷한 정황을 끌어와서 복잡한 관계를 더 확실히, 더 이해하기 쉽게 만드는 표현법을 말한다.

그리스의 철학자 아리스토텔레스는 비유를 네 가지 다른 개념과 관련된 관계의 유사성이라고 정의했다. IQ 테스트에도 비유 능력을 알아보는 문제가 많다. '눈이 본다면 귀는?'(정답은 당연히 '듣는다') 같은 식의 간단한 문제에서부터 조금 더 고민해야 하거나 여러 개의 대답이 나올 수 있는 까다로운 문제(예를 들어 '인간은 학습을 하고 컴퓨터는 무엇을 하나?'와 같은 질문에 '프로그래밍, 저장' 등의 답이 가능할 것이다)까지 종류도 많다.

우리가 비유에 주목하는 이유는 오직 하나, 학습에 매우 탁월한 효과가 있기 때문이다. 특히 구체적으로 상상하기 힘든 추상적 지식을 학습할 때 비유는 진가를 발휘할 수 있다.

비유의 대표적인 사례가 '수류水流'와 '전류電流'의 비유이다. 학교에서 전기와 관련된 내용이 나오면 선생님들은 어김없이 수류에 비유해 설명한다. 폭포, 상수관, 물레방아, 댐 같은 우리가 알고 있는 것들을 이용해 전기의 성질을 쉽게 설명할 수 있기 때문이다. 전압은 수위의 차이에 해당하고, 전류의 강도는 흐르는 물의 양에 비유할 수 있다. 전선의 직경이 작을수록 전기저항이 커지듯 물이 흐르는 관의 직경이 작을수록 물의 저항 역시 커진다.

거의 모든 물리학 교과서가 전기를 설명할 때 이 비유를 쓴다. 장기기억에 저장된 지식을 끌어오기 때문에 설명 시간이 줄어들고 새로운 학습 내용에 대한 이해력이 높아지며 분석력과 논리력, 창의력을 키울 수 있기 때문이다. 물론 기존의 비유를 그냥 갖다 쓰기만 해도 학습에 많은 도움이 되겠지만 자신만의 비유를 찾고 만들면서 창의력을 키운다면 그야말로 일석이조일 것이다. 내가 선택한 비유가 과연 적절한지, 공통점을 찾고 차이점을 비교하면서 비유의 유용성을 분석하는 것은 매우 수준 높은 인지 과정이다. 나아가 비유의 약점을 깨달을 수도 있을 것이다. 예컨대 앞에서 든 예를 다시 활용해보면 전기는 전선을 잘라도 손실되지 않지만 물은 수관을 자르면 흘러 사라져버린다는 것을 알아낼 수도 있다. 이처럼 더 많은 내용을 깨닫고 좀 더 깊이 있는 의문을 품게 되면 이해의 깊이도 더 깊어질 것이다.

많은 학자들(예를 들어 알베르트 아인슈타인)이 복잡한 정황을 비유를 통해 다른 시각으로 바라보고 나서 더 깊이 있는 이해와 창의적인 아이디어를 얻었다고 고백했다. 이해가 힘들수록 최대한 공통점이 많은 비유를 찾도록 노력해보자. 그런 비유를 찾기 위해선 말 그대로 '자기 안으로 들어가' 자신의 지식을 스캔하거나 사전을 찾고 인터넷을 훑고 사진 자료를 뒤져서 외부에서 아이디어를 끌어와야 한다. 마침내 딱 맞는 비유를, 세상에 단 하나밖에 없는 나만의 비유를 찾아냈을 때의 그 기쁨이야 더 말해 무엇하겠는가. 경구, 격언, 속담 등도 비유와 비슷한 효과를 올릴 수 있는 방법이다.

NOTE

학생들을 데리고 강연을 할 때면 나는 아주 과격한 비유를 자주 사용한다. 특히 학생들이 공부에 대해 모르는 것이 없다고 자만하면서 내 말에 귀를 기울이지 않을 때 그렇게 한다. 대부분은 제일 시끄럽게 떠드는 학생(대부분 남학생)을 골라서 앞으로 나오게 한 후 양손을 등 뒤로 돌려 수갑을 채운다. 그리고 그 상태로 단어 몇 개를 적으라거나 교과서의 특정 페이지를 펼치라고 시킨다. 어떻게 용을 써서 성공하기는 하지만 대부분 글자는 삐뚤빼뚤하고 얼굴은 시뻘게지며 시간도 많이 걸린다. 당연히 친구들은 그 모습을 보고 배꼽을 잡고 웃고(다들 자기도 그보다 나을 게 없다는 것을 알기 때문에 절대 비웃음은 아니다) 분위기도 즐거워진다. 이와 함께 많은 학생들이 그 모습을 보고 큰 깨달음을 얻는다. 자신들이 '정신의 수갑을 찬 채' 공부를 했기 때문에 지금껏 그렇게 공부가 힘들었으며, 그 수갑을 풀고 더 빨리, 더 효율적으로 공부할 수 있는 방법이 있다는 깨달음 말이다. (추가 효과: 그 수갑이 진짜이고 내가 사설탐정 교육을 받을 때 쓰던 것이라고 말해주면 아이들의 존경심과 관심은 폭발적으로 치솟는다.)

LAB 신은 어디에 있는가

내 딸이 세 살 때 질문을 한 적이 있다. 신은 하늘에서 자기를 항상 쳐다보고 있는데 왜 자기는 신을 볼 수 없냐고 말이다. 세 살짜리 아이로서는 당연히 대답을 찾기 힘든 궁금증이었을 것이다. 그래서 나는 딸에게 창문의 커튼을 젖히고 아래 정원을 내려다보라고 시켰다. 그러고는 밖으로 나갔다 들어와 아빠를 봤냐고 물었다. 아이는 당연히 봤다고 내답했다. 그다음으로는 아이에게 정원으로 내려가서 창문이 있는 쪽을 보라고 시켰다. 그런 다음 커튼 뒤에 서 있던 아빠를 보았냐고 물었다. 아이는 환한 미소를 지으며 대답했다. "아하, 알았어요, 아빠." 어려운 문제는 풀렸다. 아이가 이해할 수 있는 간단한 비유 하나로.

scene 29 특이한 장소가 발휘하는 효과에 주목하라

장소 학습법 학습 환경은 학습 내용의 저장과 기억에 도움을 준다. 특히 학습 장소가 평범하지 않거나 나와 관련이 있는 곳일 때 그러하다. 이런 현상을 이용해 가끔 평소 학습 장소를 벗어나 다른 곳에서 학습해보자. 암기가 필요하거나 중요한 내용일 경우 특히 추천하고 싶은 방법이다.

'scene 9 뇌가 걸러내지 못하는 것'을 통해 우리는 학습 환경이 학습 과정에 영향을 준다는 사실을 알게 되었다. 환경 정보도 우리의 머릿속에 함께 저장된다. 학습 과정에서 나타나는 이런 현상은 학습 장소를 의도적으로 선별하고 바꾸어 학습법에 이용할 수 있다. 인상적인 장소를 택해 옮겨가며 학습을 하면 나중에 그 장소만 떠올려도 당시에 학습한 내용이 함께 기억이 나면서 기억률이 매우 높아진다.

자, 이런 학습법을 '장소 학습법'이라 부른다. 물론 정해진 학습 장소는 있어야 한다. 시도 때도 없이 여기저기를 떠돌다 보면 정신이 산란해서 나중에는 어디서 무엇을 배웠는지조차 기억이 안 난다. 평소에는 편안하고 정리 정돈이 잘 되어 있는 조용한 장소에서 학습을 하다가 가끔씩 특이한 장소로 옮겨야 효과가 있다.

NOTE

우리의 '장소 학습법'은 1952년 두 미국인이 개발한 '러닝 앳 스테이션Learning at Station'과 구분해야 한다. 러닝 앳 스테이션은 서킷 트레이닝(여러 가지 운동을 돌아가면서 잠깐씩 하는 순환식 훈련법—역자 주)과 비슷하게 학생들이 미리 준비한 여러 장소를 돌아가며 학습하는 방법이다. 따라서 기분 전환에 도움이 되고 다양한 시각을 열어주는 효과가 있다. 하지만 '러닝 앳 스테이션'은 거의 동일한 학습 공간에서 행해지기 때문에 각 공간의 분위기가 매우 흡사하고, 따라서 여기서 소개하는 '장소 학습법'처럼 기억력을 향상하는 데 큰 도움을 주지 못한다.

장소 학습법을 이용하려면 특이한 장소를 선택하는 것이 좋다. 특별한 주제를 학습해야 할 경우 특히 그렇게 하라고 추천하고 싶다. 혹은 한 번에 학습하기에 분량이 너무 많은 경우 마지막 집중 복습 단계에서 특별한 장소를 권하고 싶다. 그렇게 하면 학습 주제가 특이한 환경에서 받은 외부의 인상과 튼튼하게 결합되어 머릿속 깊이 저장된다.

장소 학습법을 어떻게 활용할까

이 장에서 소개하는 장소 학습법은 scene 16에서 다룬 장소화와도 비교가 필요할 듯하다. 장소화는 개별 정보들을 수많이 많은 여러 장소와 인지적으로, 비유적으로 결합시켰다. 즉 개별 정보를 장소와 연계시켜 의도적으로 기억력을 높였다. 인지적, 의식적, 구상적 과정이었다.

하지만 여기서 소개하는 장소 학습법은 많은 정보를 한 곳의 장소와 결합하는 것이다. 또한 인지적, 구상적이라기보다 무의식적이며 감각적 인상, 정서와 통한다. 요컨대 장소화는 정보 기억에 훨씬 효과적이지만 많은 시간과 정신 활동을 요한다. 반면 장소 학습법은 기억력 향상 효과가 그 정도로 크지 않은 대신 비교적 노력이 덜 들어간다.

그럼 이 장소 학습법은 어떻게 활용하는 걸까? 간단하다. 시험을 칠 때, 혹은 학습 내용을 기억해야 할 필요가 있을 때 마음속으로 그 장소에 가는 것이다. 모든 감각을 총동원하고 최대한 집중해서 그 학습 환경에 푹 잠기는 것이다(그곳에서 어떤 것을 느꼈는지, 어떤 냄새가 났는지, 빛은 얼마나 밝았는지, 소음은 어느 정도였는지 등을 떠올린다).

그다음에는 당시 학습을 할 때의 기분이나 인상을 다시 불러온다. 그를 통해 빛바랜 기억의 흔적들이 구체적인 인상으로 활성화되고, 갑자기 군데군데 구멍이 나 있던 정보의 그물망이 다시 촘촘해진다.

어떤 사람을 우연히 만났는데 그 사람의 이름이 떠오르지 않을 때도 이 방법을 사용하면 좋다. 그를 처음 만났던, 혹은 마지막으로 만났던 장소로 돌아가서 그 환경을 떠올려보는 것이다. 당시 그 환경의 온갖 정보들이 기억나면서 마침내 이름도 함께 떠오를 것이다.

마침 최근 나의 강연에서 한 노신사가 이렇게 물었다. "아는 사람을 만났는데 이름이 생각이 안 나면 어떻게 해야 합니까?" 당연히 나는 위에서 설명한 방법을 일러주었다. 하지만 노신사는 만족하지 못하고 다시 질문을 던졌다. "그럴 상황이 안 됩니다. 그럴 시간이 없습니다. 상대가 바로 코앞에 있는데 언제 그런 걸 생각하고 있겠습니까?" 나는 다시 대답했다. "그럼 그냥 못 본 척 쓱 지나가세요."

그러자 청중들이 웃음을 터뜨렸다. 그건 아마 살면서 다들 그렇게 해본 경험이 있다는 소리가 아닐까?

일러둘 것이 한 가지 더 있다. 이 책에서 소개한 비법을 한 상황에서 동시에 다 사용할 필요는 없다. 이 많은 비법 중에서 각 상황에 맞는 최신의 선택을 해야 한다. 방금 설명한 장소 학습법을 쓸지 아니면 학습 환경과 시험 환경을 최대한 유사하게 만들지, 선택은 오로지 당신의 몫이다.

NOTE

학습의 환경이 학습의 주제와 어울리면 어떨까? 물론 금상첨화다. 나는 논문을 쓰는 내내 식물원에서 공부를 했다는 한 생물학자의 이야기를 알고 있다. 결과가 어땠는지 궁금한가? 당연히 그는 최고 점수로 심사를 통과했다.

scene 30 규칙을 발견하는 뇌

무리 짓기 학습 내용을 무리로 나누어보라. 정보를 어떻게 분류하고 조직할지, 어느 무리에 집어넣어야 할지 판단하는 작업을 거치면서 장기 저장 능력도 쑥쑥 올라갈 것이다.

우리의 뇌는 어떤 대상이나 상황의 공통점과 차이점을 순식간에 파악하는 놀라운 능력이 있다. 이 능력을 통해 정보를 조직하고 범주화하며 상위개념을 찾는다.

초등학교 1학년만 되어도 범주화를 해낼 능력이 충분히 있다. 교실에 들어가서 아이들에게 "사과, 바나나, 오렌지, 자두는 무엇일까요?" 하고 물어보라. "과일!"이라는 외침이 터져나올 것이다. 의자, 식탁, 소파, 장롱이 무엇이냐고 묻는다면 가구라고 대답할 것이다.

몇십 년 전에 실시한 실험에서도 그런 무리 짓기와 범주화 과정이 기억력 향상에 큰 도움이 된다는 결과가 나왔다. 단어를 공통점에 따라 집단으로 묶었던 실험 참가자들의 단어 암기 실력이 그렇게 하지 않은 사람들에 비해 항상 높게 나타났던 것이다. 이때 남의 도움을 받았건, 스스로 깨달았건 그것은 결과에 큰 영향을 미치지 못했다.

이유는 간단하다. 우리의 뇌는 범주의 시스템을 파악하거나 상하 구조를 인식할 때 정보를 다양한 시각에서 살피고 그를 통해 좀 더 깊이 있게 처리하게 된다. 바로 이런 범주화 과정에서 일어나는 분석이 기억의 그물을 짜고, 이 그물망을 통해 우리는 나중에 다시 그 정보를 쉽게 불러낼 수 있는 것이다.

과학적으로 입증된 이런 긍정적인 범주화 효과에서 나는 독자적인 학습법을 만들었다. 이 '무리 짓기' 학습법은 단 한 문장으로 요약할 수 있다.

정보를 범주, 조직, 무리로 나누라!

인간의 정신은 다음과 같은 분류와 무리 짓기를 자연스럽게 행한다.

- 좌파, 우파, 녹색당, 공산당… : 정당들의 무리 짓기
- 팝, 록, 재즈, 테크노… : 음악의 무리 짓기
- 범죄소설, 공포소설, 사이언스픽션… : 문학의 무리 짓기
- 학자, 예술가, 회사원… : 직업의 무리 짓기
- A, B, C, D, F: 성적의 무리 짓기

무리 짓기는 얼마나 자연스럽고 다양한지 모른다. 거의 자동적으로 일어나고 아주 어린 아이들도 할 수 있다. 사실 무리 짓기란 관계, 규칙의 인식과 다르지 않으며, 우리의 뇌는 바로 이 일에 가장 적합하다. 유명한 신경학자이자 학습심리학자 만프레트 슈피처 Manfred Spitzer는 심지어 우리의 뇌를 순수 '규칙 추출 기계'라고 일컬었다. 그는 어떤 사안에 대해 학생들에게 최대한 많은 사례를 제시해 스스로 규칙을 파악하고 정의하라고 권하기도 했다.

바로 그런 규칙을 새로운 학습 정보를 분류하고 무리를 만들면서, 때로는 무의식적으로 깨닫게 되는 것이다. 규칙의 발견은 매우 분석적이고 논리적인 과정이므로 논리력을 키움으로써 훈련할 수 있다. 그러므로 학습할 때 항상 분류하고 무리 짓는 일을 게을리하지 마라. 다음과 같은 질문들이 도움이 될 것이다.

- 이 소설에서 '악역'을 맡은 인물은 누구인가?
- 전쟁이 벌어진 주 무대는 어디였을까?
- 물리 이론을 입증하는 사실은 무엇이 있을까?
- 이 기계의 주요 부품은 무엇일까?
- 이 정당은 어떤 배경으로 이런 공약을 내놓았을까? 진심으로? 표심을 잡으려고? 다른 정당과의 차별화를 꾀하기 위해?

이러한 질문을 함으로써 기억력을 높일 뿐 아니라 의외의 깨달음과 깊이 있는 이해를 얻을 수 있다. 유명한 원소 주기율표도 결국엔 철저한 공통점의 탐색과 정리를 통해 탄생한 걸작이다. 여기에 scene 27에서 배운 것처럼 그래픽이나 도표 등을 활용하면 더욱 효과가 클 것이다. 시각적 효과 덕분에 분류 작업도 빠를 것이고 기억률도 높아질 것이다. 예를 들어 동물을 분류할 때 돌고래를 포유동물 무리에 집어넣고 어류와 멀리 떨어뜨려 놓으면 눈으로도 고래가 물고기가 아니라는 사실을 금방 알 수 있다.

LAB 범주화에 주목하라

독일에서 초등학생 310명을 대상으로 학습 교재의 조직화가 학습 효과에 미치는 영향을 조사했다. 학생의 절반만 범주화 방법을 이용해 학습했는데 곧바로 시험을 쳤더니 범주화 방법을 이용한 학생들이 그렇지 않은 학생들에 비해 성적이 더 좋았다(6주 후에도 훨씬 더 많은 내용을 기억했다).

EPISODE

나만 몰랐던 숫자의 요정

몇 년 전 에르푸르트 시청의 큰 강당에서 시장을 포함해 약 200명의 청중을 앞에 두고 공개 강연을 한 적이 있었다. 여러 가지 암기법에 대한 설명과 질문이 오간 후 나는 언제나처럼 기억력 퍼포먼스를 선보일 예정이었다. 청중들이 총 50자리의 숫자를 불러주면 그것을 그 자리에서 듣고 곧바로 기억하는 퍼포먼스다. 그런데 내가 정말로 실수 없이 숫자를 기억하는지 확인해줄 한 사람이 필요했다. 나는 무대 맨 앞줄로 내려가서 아주 산뜻한 옷차림의 한 중년 여성에게 그 역할을 맡아달라고 부탁했다.

"숫자를 몇 개 적어주실 수 있으시지요? 계산을 하거나 암기를 할 필요는 전혀 없습니다. 그냥 적으시면 돼요." 나는 약간 도발적인 말투로 말했다.

그러자 그녀가 자리에서 일어서며 미소를 머금고 당당하게 대답했다.

"잘 모르겠는데요. 노력은 해보죠."

그 순간 강당이 웃음바다로 변했다. 사람들은 휘파람을 불고 환호성을 지르고 박수를 치며 배를 잡았다. 물론 나도 재기 발랄한 대답이라고 생각은 했지만 그 정도로 웃긴 얘기라는 생각은 하지 않았다. 그래서 남은 강연 시간 내내 왜 이 사람들이 그렇게 즐거워했을까 생각했다.

강연이 끝나고 나서야 나는 그 이유를 알았다. 내가 지명했던 그 우아한 여성은 바로 얼마 전 임명된 튀링겐 주의 재무장관이었던 것이다. 세상에나! 그렇게 난감할 수가 없었다. 그렇지만 적어도 한 가지 교훈은 얻었다. 이틀만 신문을 안 봐도 지식의 창고에 그렇게 심한 구멍이 뚫릴 수 있다는 교훈을 말이다.

4부

공부법의 재구성

scene 31 인위적인 기억에서 예술적인 기억으로

기억술 재발견된 옛 기억술을 총칭하는 상위개념이다. 이 기술은 보통의 기억 저장 과정에서 적은 양이지만 지극히 자연스럽게 나타나는 저장의 원칙을 의도적으로 활용한다. 그래서 학습 속도가 빨라지고 저장한 지식을 오래도록 기억할 수 있게 해준다.

기억술mnemonic이라는 말은 그리스어 '므네메mneme'에서 나왔다(이에 해당하는 라틴어가 'memoria'이므로 메모술이라고 부르기도 한다). 그리스 신화에 나오는 '므네모시네Mnemosyne'는 기억의 여신이며 예술의 수호신인 아홉 뮤즈의 어머니이다. 이것만 보아도 고대 사람들이 '기억의 능력'을 얼마나 중요하게 생각했는지 알 수 있다.

기억술은 한 가지 학습법이 아니라 여러 가지 학습 기술의 모음으로 수백 년, 수천 년의 역사를 자랑하는 것도 있다. 그중 앞으로 소개할 방법들은 다음과 같다.

- 나귀 다리 방법
- 스토리 방법
- 걸이 단어 방법
- 장소법

- 키워드
- 마스터 시스템
- 두문자어

   기억술은 무엇보다도 정보를 더 빨리, 더 확실하게, 더 오래 저장하겠다는 목표를 추구한다. 따라서 이해력을 높이려는 노력은 하지 않는다(바로 이 지점을 비판하는 목소리도 있다).

   하지만 학습 내용 중에는 너무 이해하기 힘들거나 원래 논리가 없는 경우도 많다. 이름이나 어휘, 전문 지식, 연도 등은 이해하기보다 일단 외우는 것이 상책일 때가 많다. 바로 이럴 때 기억술이 진가를 발휘한다. 학습 내용을 조직하고 세분하거나 시각화하여 저장하고 기억하는 데 엄청난 도움을 줄 수 있다.

그냥 무조건 외워야 할 때는…

기억술을 비하하는 의미에서 그것이 '인위적'이라고 하는 사람들이 있다. 기억술을 이용하는 것은 우리의 '자연스러운' 기억을 거스르는 짓이라는 뜻이겠다. 하지만 이런 표현을 틀렸다. 기억술은 외부의 인위적인 도움이 아니라 우리의 자연스러운 정보처리 시스템을 활용한다. 나아가 매우 창의적인 방식으로 우리의 기억을 확장시키기에 나는 이것을 '예술적인 기억'이라고 부르고 싶다.

   로마의 위대한 연설가 키케로가 살았던 시절에도 기억술에 대한 비판이 있었다고 한다. 이에 대해 키케로는 그런 말을 하는 사람들이 게으르다고 오히려 비난하면서 충분히 훈련하기만 하면 기억술은 짐이 아니라 축복이 된다고 강조했다. 나 역시 그의 주장에 동의한다. 내가 기억술을 널리 보급하고자 하는 이유는 두 가지이다.

첫째, 기억술은 기억력을 엄청나게 향상할 수 있다. 대규모 실험 결과로도 입증된 사실이다. 둘째, 기억술은 따분한 공부와 거리가

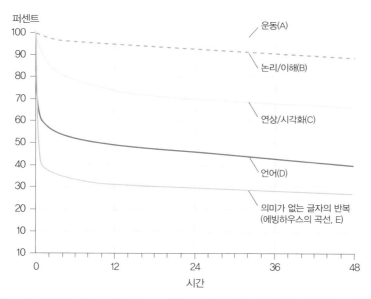

여러 가지 기억법을 사용했을 때의 망각률

가장 심한 망각률을 보이는 E 선은 앞(scene 10)에서 언급한 독일의 기억 연구가 에빙하우스 교수의 실험 결과이다. 이 결과는 대중적인 인문서에 자주 소개되고 있는데 오해는 말아야 한다. 에빙하우스가 암기용으로 고른 정보는 전혀 의미가 없는 철자들이다. 보통 우리가 암기하는 단어들은 의미를 담고 있기 때문에 이 선이 나타내는 정도로 급격한 망각률을 보이는 경우는 거의 없다. D 선은 '전래의' 방법으로 언어를 학습할 경우 나타나는 망각률이다. 그러나 C 선을 보면 알 수 있듯이 연상/시각화 학습을 했을 때의 성적은 언어를 이용해 기억했을 때에 비해 월등히 좋아진다. 물론 B 선을 통해 볼 수 있듯 깊이 있는 이해를 병행했을 때에는 훨씬 더 장기적인 기억이 가능하다. 가장 느린 망각을 나타내는 A 선은 자전거, 요가, 타자 등 몸을 이용한 운동 학습의 경우이다.

멀기 때문에 재미있게, 즐겁게 공부할 수 있도록 도와준다.

NOTE

기억술은 여러 가지 공구가 들어 있는 상자와 같다. 공구를 잘 쓰려면 먼저 사용법과 사용할 곳을 알아야 한다. 일단 사용법을 익히고 나면 쓰임새가 한두 군데가 아니다. 기억술도 이런 망치나 펜치, 드라이버와 같다. 사용법을 익히기까지 약간의 노력과 시간이 필요하지만 조금만 공을 들여 방법을 알고 나면 그다음은 자신도 놀랄 정도의 기억률 향상을 경험할 수 있을 것이다.

scene 32 나귀 다리를 건너는 법

나귀 다리 그물망처럼 결합하는 기억의 작업 방식을 활용하여 좀 복잡해 보이게 정보 저장을 돕는 모든 종류의 암기법을 총칭하는 상위개념이다.

나귀는 말과 달리 물이 얼마나 깊은지 눈으로 볼 수 없으면 물에 들어가지 않는다고 한다. 그래서 옛날 서양에서는 나귀를 부리기 위해 개울에 나귀가 건널 수 있는 작은 다리를 만들었다고 한다.

나귀의 이런 신중함과 조심성을 배워 한층 더 튼튼한 기억의 다리를 짓는 것이 바로 나귀 다리 방법이다. 또 그 나귀 다리에 새겨질 정보가 실로 전문가 수준의 것이므로 나는 이 방법을 '전문가의 다리'라고도 부른다. 실제로 가물거리던 정보가 갑자기 100퍼센트 정확하게 기억이 날 때의 그 가슴 벅찬 해방감과 환희는 굳이 설명할 필요가 없을 것이다. 입에서는 맴도는데 말로 나오지 않는 이름, 숫자, 개념들……. 그것이 갑자기 입에서 술술 흘러나온다면?

창의성과 이성이 중요하다

나귀 다리는 지금부터 상세하게 설명할 일련의 암기 전략을 총칭하는 상위개념이다. 연상과 비유, 운율, 논리 등을 마음껏 활용하여 다양한 전략을 구사할 수 있다.

나귀 다리를 이용할 때에는 두 가지 정신적 능력이 중요하다. 바로 창의력과 이성이다! 자, '도저히 잊지 못할' 나귀 다리의 몇 가지 사례를 살펴보자.

- **오목/볼록**: 운율을 이용해서 외워보자. '다이어트를 하면 배가 쏙 들어간 자라목처럼 오목해지지만, 밥을 많이 먹으면 볼처럼 볼록해지지요.'

- 'effective'와 'efficient': 비슷하지만 의미가 다른 두 단어이다. efficient는 끝부분의 발음이 화폐 단위인 '센트cent'와 비슷하므로 자원(에너지, 돈, 시간)을 절약한다는 의미에서 '효율적'이라는 뜻으로 이해할 수 있다. effective는 active와 발음이 약간 비슷하므로 목표를 신속하고 확실하게 달성한다는 의미에서 '효과적'이라는 뜻으로 외울 수 있다.

- **시계 맞추기**: 서머타임을 실시하는 나라에서는 1년에 두 번 시간을 바꾸어야 한다. 그런데 시간을 맞출 때마다 헷갈린다. 앞으로 가나? 뒤로 가나? 그래서 "봄은 앞으로 튀고 가을은 뒤로 떨어지다(Spring springs forward, Fall falls back)"라는 공식을 외워서 쓴다고 한다. 서머타임은 봄에 시작해서 가을에 끝난다. 따라서 봄이 다가오면 앞으로 forward, 즉 한 시간을 앞으로 맞추면 되고, 가을이 끝나가면 뒤로 back, 즉 한 시간을 뒤로 돌리면 된다.

- 생물: 아프리카 코끼리는 귀가 크고 인도 코끼리는 귀가 작다. 아프리카의 '아'가 인도의 '이'보다 먼저 오기 때문에 아프리카 코끼리 귀가 크다고 외울 수 있다.
- 천문학: 달과 지구의 거리는 지구 직경의 30배이다. 그래서 한 달은 30일이다.

나귀 다리의 실례는 이렇게 한없이 이어질 수 있다. 그리고 누구나 멋진 나귀 다리를 지을 수 있다. 당신도 한번 시도해보라!

NOTE

scene 11~17에서 배운 일곱 가지 요인을 활용하고 '미친' 아이디어와 연상, 속담, 일화 등을 써먹겠다는 용기만 있으면 당신도 멋진 나귀 다리를 지을 수 있다. 그 다리를 건너 모호한 안개를 걷고 지식의 세상으로 성큼 들어가보자.

scene 33 기억하기 좋은 스토리의 조건

스토리 여러 가지 개별 정보를 완벽하게 기억하기란 쉬운 일이 아니다. 한 가지 정보를 찾을 때마다 우리의 뇌세포를 다 뒤져야 하기 때문이다. 하지만 연상을 통해 개별 정보들을 서로 묶어서 감정을 실은 스토리로 만들면 기억력을 현저하게 향상할 수 있다.

목걸이가 끊어졌다고 상상해보자. 그런데 진주목길이라서 신주가 뿔뿔이 흩어졌다면 어떻게 되겠는가? 허리를 굽히고 온 집 안을 뒤져 진주 알갱이들을 다 찾아내야 한다. 하지만 줄이 끊어져도 알갱이들이 줄에 다 붙어 있다면? 이 경우 줄만 찾으면 알갱이들은 따라 올라올 것이다.

감정을 실은 스토리

우리의 학습도 마찬가지이다. 학습의 알갱이들을 한 줄로 엮어 놓으면 나중에 그 줄만 잡아당겨도 학습 내용이 저절로 따라올 것이다. 심지어 저장한 순서대로 차근차근. 그 줄의 역할을 하는 것이 바로 스토리다. 개별 정보를 하나의 줄에 꿰어서 기억하기 좋은 스토리를 만들어낼 수 있다.

　이 방법의 장점은 말할 필요가 없다. 첫째, 전혀 관련이 없는 정보들을 '의미 있게' 결합시킬 방법을 고민하는 과정에서 인지 능력이 향상될 것이다. 둘째, 하나의 정보를 기억하면 그 앞과 뒤에 연결된 정보가 완전 자동으로 따라 떠오른다. 연상을 통해 단단히 묶어두었기 때문이다. 이렇게 정보의 사슬을 하나하나 엮어나갈 수 있다.

알고 보면 당신도 어린 시절 때부터 이 방법을 써왔을지 모르겠다. 나는 어릴 때 친구들과 '메모리 게임'을 자주 했다. 어릴 때부터 무엇이든 기억을 잘했고, 친구들과 누가 더 기억을 잘하는지 내기하는 것을 좋아했기 때문이다. 그때도 나는 나란히 놓인 메모리카드를 보면서 말도 안 되는 황당한 이야기를 지어내곤 했다. 그러면 아무리 많은 카드도 금방 외울 수가 있었다.

개인적인 이야기를 잠시 하자면, 나는 지금껏 메모리 카드 게임에서 한 번도 진 적이 없다. 딱 한 번 절체절명의 위기가 있었는데 대학 1학년 때였다. 대학입학자격시험을 우수한 성적으로 통과했다는 한 여학생과 게임을 한 적이 있었다. 그녀 역시 그때까지 져본 적이 없다고 했다. 우리는 100장이 훨씬 넘는 메모리 카드로 스릴 넘치는 시합을 했다. 결국 게임은 무승부로 끝났다. 그녀 역시 나처럼 스토리 방법을 사용하였던 것이다!

다른 방법들과 달리 이 방법은 사전 준비가 필요 없어서 곧바로 학습 내용을 저장할 수 있다. 물론 학습 내용이 많아지다 보면 스토리가 길어져 중간에 순서를 헷갈리거나 까먹는 일이 발생할 수 있다. 그러나 옛날에 독일의 한 기억력 챔피언은 스토리 방법을 이용해 30분 동안 150개가 넘는 숫자를 순서도 틀리지 않고 다 외웠다. 스토리 방법의 효과를 입증하는 확실한 사례라 하겠다.

NOTE

창의력과 상상력을 활용한 효과 만점의 '스토리 방법'을 어떻게 적용할 수 있을까? 지금 당신 앞에 탑, 황소, 썰매, 축구공, 사우나라는 단어가 있다고 가정하자. 이것으로 어떤 스토리를 짤 수 있을까? 당신도 한번 상상해보라. 나는 이런 스토리를 만들었다.

"강철 탑이 우뚝 서 있는데 덩치가 큰 황소 한 마리가 씩씩거리며 달려와 탑을 뿔로 받아버렸다. 사방에 파편이 튀었으니 사람들이 놀라 파편을 옮기기 위해 썰매를 끌고 온다. 그런데 축구공 모양으로 생긴 괴물이 썰매를 끌고 있다. 괴물은 썰매를 끌고 강철 부스러기를 녹이러 사우나로 간다."

scene 34 상상력을 동원하는 것의 장점

걸이 단어 학습법 학습을 하기 전에 정해진 순서대로 단어들을 미리 외운 다음 연상과 창의력을 활용하여 정보를 이 단어에 맞추어 거는 방법이다. 단어의 순서대로 정보를 정리하기 때문에 확실하게, 빠르게, 실수 없이 기억할 수 있다.

걸이 단어 방법(영어로는 peg word)은 상상력을 동원하여 새로운 정보를 미리 외워둔 단어와 결합하는 것이다.

기억의 순서를 잊어버리지 않으려면, 그리고 정보를 실수 없이 기억할 수 있으려면 먼저 걸이 단어들에 순서를 정해주어야 한다. 순서가 있는 기존의 시스템을 이용하면 손쉬운데, 알파벳이 대표적인 사례이다. A에서 Z까지 순서가 정해져 있고, 다들 그 순서를 이미 다 알고 있을 테니 말이다. 하지만 걸이 단어란 말 그대로 기억에 필요한 구체적인 단어이므로 각 철자로 단어를 만들어야 한다. 예를 들어 각 철자로 시작하는 동물 이름을 A에서 Z까지 만들어보는 것이다. 나는 개인적으로 이런 동물 이름을 사용한다.

1	A: ape(유인원)	14	N: nightingale(나이팅게일)
2	B: bear(곰)	15	O: ox(황소)
3	C: chameleon(카멜레온)	16	P: peacock(공작)
4	D: donkey(당나귀)	17	Q: quail(메추라기)
5	E: eel(뱀장어)	18	R: rabbit(토끼)
6	F: frog(개구리)	19	S: spider(거미)
7	G: giraffe(기린)	20	T: turtle(거북)
8	H: hedgehog(고슴도치)	21	U: unicorn(유니콘)
9	I: iguana(이구아나)	22	V: vulture(독수리)
10	J: jaguar(재규어)	23	W: whale(고래)
11	K: kangaroo(캥거루)	24	X: starfish(불가사리) (X 모양이기 때문)
12	L: louse(이)	25	Y: yak(야크)
13	M: mouse(쥐)	26	Z: zebra(얼룩말)

걸이 단어 학습법을 활용하라

걸이 단어를 이용해 정보를 저장할 때에는 풍부한 상상력으로 최대한 명확하고 구체적인 이미지를 만들어내는 것이 중요하다. 예를 들면 미술사에는 다양한 사조가 있다. 입체파^{cubism}, 다다이즘 ^{dadaism}, 표현주의^{expressionism}, 초현실주의^{surrealism} 등의 사조들을 외울 때 위의 동물 이름 리스트에 차례대로 걸어서 다음과 같이 상상해볼 수 있다.

① 저기 있는 원숭이가 입체적으로 보인다.
② 곰이 이제 막 말을 배우기 시작해서 "다다, 다다" 같은 말만 반복한다.

③ 카멜레온이 택배 회사에 취직을 하더니 익스프레스 열차 티켓을 배송해준다.

④ 당나귀는 현실적으로 초라하다.

꼭 알파벳 동물 이름이 아니어도 된다. 각자가 편하게 걸이 단어 시스템을 만들면 된다. 물건(auto, ball, chip 등)이어도 좋고 과일(apple, banana, cherry 등)이어도 좋다. 누구나 금방 만들 수 있고 두세 번만 복습하면 금방 외울 수 있다.

자, 이제 어떤 아이디어가 떠오르는가? 혹시 곁에 있는 전화번호부를 뒤적여 사람 이름을 순서대로 열거하고 있지는 않은가? 아쉽지만 사람 이름은 걸이 단어로 쓸 수 없다. 서로 잘 구분이 되는 구체적인 대상이어야 한다는 원칙에 어긋나기 때문이다. 실제 사람 이름을 걸이 단어로 쓰면 외우기도 무척 힘들고 많이 헷갈린다. 하지만 숫자나 운율, 혹은 상징(1=최고, 2=쌍둥이, 3=트라이앵글, 4=네잎클로버 등)은 사용 가능하다.

걸이 단어 방법을 이용하면 실제로 생존 전략 리스트, 미국 역대 대통령 이름의 순서, 연간 계획 일정 같은 많은 정보를 무리 없이 저장할 수 있다. 그런 다음 정기적인 복습을 통해 정보를 간직할 수도 있고, 복습을 하지 않은 채 자연스럽게 잊어버린 다음 다른 과제의 학습에 이용할 수도 있다. 물론 한계는 있다. 100~200개의 '걸이'를 설정하려면 대부분의 사람들이 한계를 느낄 것이다.

그럴 때는 다음 장에서 소개할 장소 학습법을 활용해보자. 이 방법과 달리 무한한 기억의 연결 가능성이 있어서 좀 더 효율적인 학습을 도와줄 것이다. 내가 보기엔 걸이 단어 학습법의 한계는 공간-장소-시각의 능력을 다 활용하지 못하고 시각적 능력에만 의존하는 데 있는 듯하다.

LAB 걸이 단어 학습법의 효과

미국에서 여러 가지 기억법의 성능을 테스트하는 실험이 있었다. 총 150명의 대학생에게 20개의 단어(각 7초)를 제시하고 가능하다면 순서를 바꾸지 말고 외우도록 했다. 그 직후 테스트를 실시해보니 걸이 단어 집단(14개의 단어)과 장소 학습법 집단(15개의 단어)이 기억법을 활용하지 않은 일반 집단(11개의 단어)에 비해 성적이 월등히 좋았다. 단어의 순서까지 정확하게 외운 경우는 기억법을 활용한 집단의 성적이 두 배 이상 좋았다(걸이 단어 집단: 12.5개 단어, 장소 학습법 집단: 13.6개 단어, 일반 집단: 5.8개 단어).

scene 35 사람의 이름을 잘 못 외우는
이들을 위한 비책

장소법 고대에 개발된 효과적인 학습법이지만 안타깝게도 현재는 거의 잊혀져 사용되지 않는다. 주변에 있는 특정 지점들을 정한 후 모든 형태의 정보(숫자, 자료, 사실, 이름 등)를 그 장소와 연계하여 저장하는 방법이다.

장소법은 약 2500년 전에 개발된 방법으로, 그리스와 로마의 연설가들은 이 방법을 이용해 몇 시간이고 완벽한 연설을 했다고 한다. 중세에도 장소법은 널리 사용되었고 특히 장기기억을 위해 많이 활용되었다. '장소법^{Loci}'이라는 명칭은 장소를 의미하는 라틴어 'locus'에서 따왔다. 나는 노선법이라는 이름을 더 좋아한다. 여러 개의 인상적인 지점(위치나 대상)이 있는 하나의 노선을 만드는 방법이기 때문이다.

장소법을 이용하는 과정은 간단하다. 3단계만 거치면 된다.

- **1단계:** 친숙한 환경(집이나 공원, 휴가지)에서 여러 장소를 순서대로 정하고 이것을 기억에 저장한다. 예를 들어 집 안이라면 '침대, TV, 욕실, 싱크대, 소파……'와 같은 식으로, 실외라면 '연못, 다리, 내리막 길, 건널목, 신호등……'과 같이 이어질 수 있다.

- 2단계: 학습 정보를 하나씩 노선의 각 지점과 연결시킨다. 그러니까 정보가 50가지이면 노선의 지점도 50군데다.
- 3단계: 저장한 정보를 다시 불러낼 때는 마음속으로 그 노선을 따라 산책하면서 정해놓은 각 지점에 저장된 정보를 가만히 '관찰'한다. 그러면 절로 기억날 것이다.

아마 너무나 다양한 것들을 너무 쉽고 확실하게 기억할 수 있어서 깜짝 놀랄 것이며, 누구나 이 방법을 빠르게 배울 수 있다는 사실에 다시 한번 놀랄 것이다. 그렇다면 이 방법을 우리의 학습에 구체적으로 활용하려면 어떻게 해야 할까? 10년 이상 장소법을 사용한 경험을 바탕으로 몇 가지 유의해야 할 규칙을 적어보았다.

① 노선이 될 환경은 친숙해야 한다.
② 노선의 순서가 명확하고 확실해야 한다.
③ 노선의 각 지점이 인상적이고 특이하면 기억하기 편하다.
④ 노선의 각 지점이 너무 크거나 너무 작아서는 안 된다.
⑤ 노선의 각 지점이 서로 너무 가까우면 안 된다(적어도 0.5미터는 떨어져 있어야 한다).
⑥ 노선의 각 지점이 서로 확실하게 구분되어야 한다.

노선을 만들어라

앞서 '걸이 단어 학습법'에서도 설명했다시피 한번 만든 노선은 반복 학습을 통해 오래도록 지식을 저장하는 보관함으로 삼을 수도 있고 한번 사용한 후 빛이 바래도록 내버려두었다가 다른 정보를 입력하는 노선으로 사용해도 된다. 이 방법의 효과에 대해서는 더 말할 필요가 없다. 주변의 몇 가지 사례만으로도 충분히 확인할 수 있을 테니 말이다.

- 내가 아는 한 고등학생은 대학입학자격시험을 준비하면서 장소법을 이용해 철학 과목에서 배운 중요한 이름, 이론, 사건, 명언 등을 150가지나 한 노선에 저장했다. 당연히 시험장에서 완벽하게 기억해냈고 덕분에 우수한 성적을 거두었다.
- 정보학과에 다니면서 경영학을 부전공으로 선택한 한 대학생은 장소법을 이용해 주말 동안 시험공부를 다 마쳤다(약 200~300개의 지점). 보통 다른 대학생이라면 몇 주, 몇 달이 걸릴 분량이었다.
- 내가 가르친 여학생 한 명은 대학입학시험 과목 전체를 약 2만 5000개의 노선 지점과 연계시켜 확실하고 빠르게, 실수 없이 기억할 수 있었다. 그래서 우수한 성적으로 대학에 들어갔다.

나도 3일 동안 열린 세계기억력선수권대회에서 약 4000군데의 지점을 머리에 입력하여 1만 가지 개별 정보를 저장한 적이 있었다. 이 방법의 장점은 루트의 레퍼토리가 무한하다는 것이다. 어린 시절 놀던 곳(학교, 할머니 집), 대학 시절 놀던 곳(기숙사, 학교 앞 술집, 도서관 앞 풀밭), 그동안 여행 다녔던 휴가지 등을 기억의 장소로 탈바꿈할 수 있다. 물론 처음엔 시간과 노력이 많이 들 테지만 중요한 기본 규칙만 익히고 약간의 경험을 쌓으면 한 시간 안에 100개의 지점이 있는 노선을 만들 수 있다. 100가지 정보를 확실하게, 안심하고 기억에 저장할 수 있다는 말이다.

나는 이 방법을 이용해 중요한 일정, 아이디어, 대화 주제 등을 저장하며 단어와 외국어를 배우고 내 강연에 참석한 사람들의 이름도 외운다. 내가 600명에 이르는 사람들의 이름을 다 외우면 사람들은 눈을 휘둥그레 뜨면서 무척 즐거워한다. 아무쪼록 나의 이야기를 듣고 호기심이 발동해 앞으로 모두들 이 믿을 수 없는 효과의 기억법에 대해 더 많은 관심을 가져주기를 바란다.

LAB 1000퍼센트의 향상

베를린의 막스플랑크연구소에서 학습법의 효과에 대해 조사한 적이 있다. 대학생 참가자들에게 4초의 간격을 두고 40개의 개념을 제시한 후 순서대로 외워보라고 시켰다. 1인당 평균 두세 개의 단어를 외웠다. 그 후 약 세 시간에 걸쳐 장소법을 훈련시킨 다음 다시 테스트를 실시했다. 이번에는 평균 25개를 외웠다. 1000퍼센트 향상이라는 믿을 수 없는 결과였다(장소법이라면 가능하다)!

scene 36 우아하게 외국어를 공부하는 방법

키워드 단어, 외래어, 전문용어를 처음 만나면 그저 글자 여러 개의 조합이라는 생각
이 들 수가 있다. 의미가 없다 보니 너무 추상적이어서 외우기가 쉽지 않은 것이다. 이
때 아는 단어와 발음이 비슷한 단어를 열쇠로 활용하면 지식의 보고로 가는 문을 쉽게
열 수 있다.

정보의 바다에서 규칙과 원리를 찾아내려는 인간의 노력은 계속되
고 있지만 아직도 일일이 외워야 하는 정보가 한두 가지가 아니다.
특히 외국어 단어나 외래어, 전문 분야의 기초 지식이 되는 전문
용어 등은 암기하는 수밖에 다른 도리가 없다.

문제는 이런 정보들은 논리나 다른 사고 과정을 통해 추론할 수
있는 것이 아니기 때문에 무조건 달달 외워야 한다는 데 있다. 외
우는 데 시간과 노력이 너무 많이 들어갈 뿐만 아니라 내용도 대개
하품이 날 정도로 지루하다.

바로 이럴 때 역사적 문헌에도 나와 있고 1975년 스탠퍼드대학
교에서도 연구한 바 있는 키워드 방법이 매우 유익하다. 기존의 지
식을 활용하고 창의력과 시각화 능력을 이용해 학습 과정을 매우
단순화하기 때문이다. 이 방법은 두 단계로 구성된다.

- 1단계: 새 단어를 배울 때 우리 기억에 저장된 단어들 중에서 외울 단어와 발음이 비슷한 단어를 찾는다. 모국어도 좋고 외국어도 좋다. 이것을 키워드라 부른다. 열쇠처럼 새 단어로 가는 문을 열어줄 테니 말이다.
- 2단계: 이제 이 키워드를 새 단어와 결합시켜 암기하기 좋은 이미지를 만든다.

예를 들어 생각해보자. '조금씩 먹다'라는 뜻의 'nibble'이라는 영어 단어를 새로 배웠다고 가정하자.

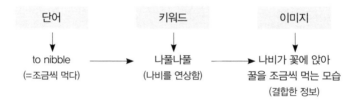

이미지를 떠올릴 때는 최대한 상상력을 발휘해야 한다. 위의 사례에서 우리는 나비가 나풀거리며 날아오는 장면을 떠올릴 수 있다. 나비는 날개를 접고 꽃에 앉아서 꿀을 오물오물 핥아 먹는다. 당연히 이런 이미지는 기억에 오래 남을 것이고 또 상상만 해도 절로 입가에 미소가 떠오를 것이다.

키워드를 포착하라

기억력이나 학습 강의에서 단어 외우기는 빼놓을 수 없는 주제이다. 많은 학생들이 외국어 공부를 힘들어하고, 특히 단어 외우는 것을 따분해한다. 그래서 강의 시간마다 나는 학생들을 선발해 일단 키워드 방법을 가르치지 않은 채로 테스트를 실시한다. 보통 5분의 시간을 주면 26개 단어 중에서 3~8개 정도밖에 기억하지 못한다. 하지만 키워드 방법을 가르치고 나면 성공률이 두 배, 세 배까지 좋아진다. 그리고 모두 공부가 정말 재미있다고 즐거워한다.

외래어나 전문용어도 똑같이 키워드를 이용해 오래 기억에 남길 수 있다. 예를 들면 'chrematophobia'는 돈을 무서워하는 공포증이다. 화장터crematorium를 키워드로 사용해 화장터에서 겁이 나서 전 재산을 다 태웠다고 상상할 수 있지 않을까?

자꾸 이렇게 키워드를 골라 이상한 이미지를 만들다 보면 머릿속이 괴상망측한 이미지들로 넘쳐날까 걱정이 되는가? 안심하라. 그런 키워드 이미지는 반복 학습을 통해 단어가 장기기억에 저장되고 나면 자연스럽게 흐릿해진다. 과학적으로도 입증된 사실이다. 물론 모든 단어를 이런 식으로 외울 필요는 없다. 잘 안 외워지는, 너무 길거나 너무 어려운 단어만 골라 암기력을 높이면 되는 것이다.

키워드 방법 ──────────────────────────────

키워드 방법이 외국어를 처음 배우는 초급 학생한테만 통하는지, 아니면 중급 학생에게도 효과가 있는지 알아보기 위한 실험이 오스트리아에서 실시되었다. 실험에서 이탈리아어를 배운 적이 있는 학생 40명은 한 시간 동안 키워드 방법을 배운 후 서른두 개의 새 단어를 외웠다(학습 시간은 약 20분). 이들은 평균 열일곱 개의 단어를 암기했고, 여덟 개를 외운 비교 집단보다 두 배나 더 성적이 좋았다. 이런 학습 능력의 현격한 차이는 10일이 지나자 더 커졌다. 키워드 집단은 약 열네 개의 단어를 기억했지만 비교 집단은 다섯 개밖에 기억하지 못했다. 이 두 집단 간 학습률의 차이는 약 200퍼센트에 달했다.

──────────────────────────────

scene 37 당신이 유독 숫자에 약한 이유

마스터 시스템 숫자는 늘 우리 꽁무니를 따라다닌다. 어떤 학습 교재를 펼쳐도 숫자가 나온다. 역사적 사건이 일어난 날짜, 계량 단위, 법 조항, 경제지표…. 350년의 역사를 자랑하는 마스터 시스템을 통해 이 추상적이고 딱딱한 숫자를 소화가 잘되는 부드러운 유동식으로 만들어 오래오래 기억에 남겨보자.

숫자 외우기가 힘든 것은 숫자의 추상성 때문이다. 앞에서도 누누이 이야기했듯 우리의 뇌는 구체적인 것을 좋아하기 때문에 숫자보다는 상상이 잘 되는 개념이나 이미지를 훨씬 잘 기억한다.

이런 깨달음을 바탕으로 창의적인 몇몇 사람들은 이미 오래전에 숫자 암기 시스템을 개발했다. 그중에서도 내가 보기에 가장 효율적인 것은 '숫자 자음 코드화'이다. 나는 이 방법을 마스터 시스템이라 부른다. 이 방법을 이용하면 숫자의 마스터가 될 수 있기 때문이다.

숫자의 마스터가 되다

1648년 이 시스템의 초석을 놓은 인물은 독일 마르부르크 출신의 빈켈만J. Winkelmann이다(위대한 독일 철학자 라이프니츠도 이 숫자 시스템에 많은 관심을 가졌다고 한다). 그 후에도 이 방법은 계속 발전을 거듭

했고, 그중에서도 여기서 소개할 가장 유명한 버전은 19세기 프랑스의 기억 전문가 에메 파리^{Aime Paris}가 개발한 것이다.

기본 원리는 아주 간단하다. 0에서 9까지 각 숫자에 자음을 대입해 기억을 돕는 것이다. 알파벳 개수가 숫자보다 많기 때문에 발음이 비슷한 여러 개의 자음을 하나의 숫자에 대입한다. 예를 들어 D는 T와 발음이 비슷하므로 숫자 1의 자음으로 사용한다.

숫자 자음 코드화

숫자	대문자 자음	암기에 도움이 될 정보	추가 자음들
0	Z	0은 zero이다.	c
1	T	1과 비슷하게 생겼다.	d
2	N	N은 쓸 때 두 획이다.	
3	M	M은 쓸 때 세 획이다.	
4	R	four의 끝 글자이다.	
5	L	L은 로마자로 50을 의미한다.	
6	S	로또의 숫자는 6개, six이다.	
7	K	비슷하게 생겼다.	ck, 센 발음의 g
8	F	비슷하게 생겼다.	v, w, ph
9	P	거꾸로 보면 9다.	b

이렇게 숫자와 자음을 짝지은 후에는 그 단어로 재미있는 말을 만든다. 최대한 우리가 쓰는 말과 비슷해서 이해하기 쉬워야 한다. 어차피 이 방법의 목적 자체가 숫자의 추상성을 줄이자는 것이니까 말이다.

숫자 43을 예로 들어보자. 4는 R이고 3은 M이다. 이 두 자음을 연결시키려면 모음이 필요할 것이다. 모음은 a, e, i, o, u 중 마음 대로 선택할 수 있다. 그러니까 RooM, RaMa, RaMe 등등이 가능할 것이다. 내 생각에는 RooM이 가장 구체적이기 때문에 숫자 43은 항상 RooM으로 기억하기로 정한다. 70은 어떻게 할까? 7은 K이고 0은 Z이다. 키즈, Kiz로 외우면 어떨까?

유의해야 할 추가 규칙들이 몇 가지 더 있다. 자음으로 만든 단어가 최대한 구체적이어야 하며(예를 들어 RuMu보다는 RooM이 훨씬 낫다) 단어들을 뚜렷하게 구분할 수 있어야 한다. 예를 들어 Mama(=33)와 Papa(=99)는 구체적이면서도 정서적으로 확연히 구분이 된다. 이런 단어들은 한 번만 들어도 금방 머리에 쏙 입력된다.[3]

이런 식으로 00에서 99까지 단어를 만들어 개인 나름의 '숫자 언어'가 탄생되면 숫자는 더 이상 공허한 기호가 아니라 상상력과 창의력이 넘치는 이미지와 이야기로 탈바꿈할 것이다.

LAB   전화번호를 잘 외우고 싶다! ─────────────

강의를 할 때 참석자들에게 5분 동안 시간을 주고 여덟 자리 전화번호 일곱 개를 외우게 한다. 대부분은 한두 개밖에 못 외운다. 세 개 정도(스물네 개의 숫자)만 외워도 천재 소리를 들을 수 있다. 그렇게 외울 수 있는 사람은 참석자의 10퍼센트 정도밖

───────────

3 한글의 경우도 자음과 모음을 숫자와 연관시켜 표현할 수 있다. 예를 들어 모양이 비슷하다는 이유로 'ㄱ'은 7, 'ㄴ'은 2로 정하고 발음이 비슷하다는 이유로 'ㅗ'는 5로 정 한다면 '곤'이라는 글자는 숫자 752로 쓸 수 있다.(편집자 주)

에 안 될 테니 말이다. 그런데 이 마스터 시스템을 배우고 나면 모든 참석자가 다섯 개, 여섯 개, 심지어 일곱 개 전부를 기억할 수 있다. 작심하고 본격적으로 훈련을 하면 그보다 훨씬 많은 숫자를 외울 수도 있다. 한 중국인 남성은 불과 5분만에 500개의 숫자(그러니까 전화번호 60개)를 하나도 틀리지 않고 외워 세계 기록을 세웠다. 그 역시 마스터 시스템을 활용했다.

---

scene 38 지식의 지평을 넓히는 두문자어

두문자어 여러 낱말의 머리글자를 따서 만든 합성어다. NATO, PC 같은 말이 그 예다. 이것을 중요한 정보가 모두 들어간 학습의 서류 가방으로 만들 수 있다. 예를 들어 LASER가 무엇의 두문자어인지 알면 자동적으로 그것의 작동 방식도 더 쉽게 알 수 있다. 이렇게 두문자어로 압축하여 저장하면 우리 뇌의 저장 용량도 넉넉해질 것이다.

두문자어란 여러 가지 개념이나 이름의 머리글자를 한 자씩 따서 만든(대부분은 발음하기 좋은) 새로운 단어이다. 한 단어의 앞부분만 사용하는 약어(Mister를 Mr.로, 수요일을 Wed.로 쓰이는 것이 그 예)와는 다르다. 가장 흔히 쓰이는 두문자어로는 USA(미국), PC(개인용 컴퓨터), NATO(북대서양조약기구) 등이 있다.

중요한 정보에 대한 힌트

나는 이 두문자어를 학습의 서류 가방이라 부른다. 두문자어 안에 중요한 정보를 차근차근 정리하여 집어넣으면 기억률을 월등히 높일 수 있기 때문이다. 또 두문자어를 원래의 개념으로 풀어헤치면 복잡한 정보가 자동적으로 딸려 나올 뿐 아니라 그것의 작동 방식이나 이유, 목표, 구조에 대해서도 상세히 알 수 있다. 예를 들어 보자.

* LASER: Light Amplification by Stimulated Emission of Radiation(복사의 유도 방출에 의한 빛의 증폭)
* AIDS: Acquired Immune Deficiency Syndrome(후천성 면역 결핍 증후군)
* PISA: Program for International Student Assessment(학업성취도 국제비교연구)
* ABBA: Anni-Frid, Björn, Benny, Agnetha(스웨덴 팝 록 그룹 ABBA 멤버들의 이름)
* LAN: Local Area Network(근거리 통신망)

이와 비슷한 것으로 기존의 단어를 모아 새로운 이니셜을 만드는 경우도 있다. 예를 들면 다음과 같은 것들이다.

* FAST: Face, Arms, Speech, Time
  - 뇌졸중이 의심되면 시간을 지체하지 말고 얼굴, 팔, 언어를 살피고 즉각 조치해야 해야 한다는 규칙이다. fast는 '빠르다'라는 뜻이기도 하다.
* SCAT: Sparta, Corinth, Athens, Thebes
  - 고대 그리스의 4대 주요 도시를 가리키는 말이다. '스캣scat'이라는 단어에는 가사 대신 의미 없는 말로 음을 만들어 부르는 창법이라는 뜻이 있다.

두문자어를 학습에 활용하는 방법은 두 가지이다.

① 두문자어의 기원을 파악하여 지식의 지평을 넓힌다(아직도 그 유명한 학업성취도 국제비교연구 PISA를 피사의 사탑과 헷갈리는 사람들이 얼마나 많은가).

② 모든 학습 내용에 적절한 방법은 아니지만 여러 단계를 거치는 업무, 행동의 순서, 정보의 리스트를 완벽하게 외워야 하는 경우, 그리고 3~8개 정도의 개념을 한꺼번에 공부해야 하는 경우에 적절한 두문자어로 학습의 효과를 껑충 높일 수 있다. 또 두문자어를 만드는 과정에서 깊이 있는 학습이 가능하므로 쓸 만한 두문자어를 못 만들었을지라도 기억률은 훨씬 높아진다.

NOTE

두문자어는 중요한 정보에 대한 언질만 줄 뿐이다. 정보의 이해를 대신할 수는 없다는 말이다. 예를 들어 '기대이론'이라는 것을 공부한다고 가정해보자. 이때도 이것이 '유의성valence, 수단instrumentality, 기대expectancy'라는 세 요인으로 구성된다고 해 'VIE 모형'이라고 쉽게 외울 수는 있을 것이다. 그러나 유인가가 무엇인지, 수단과 기대가 각기 무엇을 말하는지 두문자어가 대답해줄 수는 없다. 이것은 각자가 따로 공부해야 할 부분이다.

LAB 두문자어 활용법

앞에서 소개한 헵타그램의 일곱 가지 정신적 요인을 강연장에서 설명할 때면 나는 늘 'TAFELLV(Transformation, Association, Fantasy, Emotion, Logic, Localization, Visualization)'를 외친다. 청중들은 처음에는 그게 무슨 소리인가 의아해하다가도 앞 글자만 외우면 쉬워지는 두문자어 활용법이란 걸 알게 되면 순식간에 일곱 가지 요인을 암기하게 된다.

___

능력으로 얻은 사치

몇 년 전 아내와 아이들을 데리고 터키 여행을 다녀온 적이 있었다. 호텔 안에 보석 가게가 하나 있었는데, 안타깝게도 우리 방에서 식당으로 가는 길에 있었다. 안타깝다고 한 것은 아내 역시 세상 모든 여자가 그러하듯 보석을 무척 좋아하기 때문이다. 아내는 금과 각종 보석으로 장식된 아름다운 목걸이에 그만 홀딱 반하고 말았다. 고통의 시작이었다. 그녀의 사랑이 시작된 이후 밥을 먹으러 가는 길이 평소보다 몇 배는 더 길어졌던 것이다. 게다가 목걸이는 특별 할인 행사를 한다고 하면서도 가격이 이만저만하지 않았다. 여러 번 협상을 시도했지만 가게 주인은 도무지 가격을 깎아주려고 하지 않았다.

안 되겠다 싶었다. 목걸이를 안 사주었다간 휴가 기간 내내 아내가 목걸이 주변만 맴돌 것 같았다. 나는 담판을 짓기로 결심하고 주인에게 가서 내 아내를 아느냐고 물었다. 그는 당연히 모른다고 대답했다. 나는 아내가 세계기억력선수권대회에서 여러 번 우승을 한 사람이라고 소개한 후이런 제안을 했다. "사장님이 100자리 숫자를 적어서 집사람에게 보여주세요. 암기 시간은 딱 5분입니다. 만일 숫자 하나라도 틀리면 정상 가격에 목걸이를 사겠습니다. 대신 우리 집 사람이 완벽하게 다 맞히면 25퍼센트 할인해주십시오."

주인은 황당하다는 표정으로 말했다. "말도 안 돼요." 나는 물었다. "뭐가 말도 안 된다는 겁니까? 100자리 숫자를 암기하는 게요, 아니면 25퍼센트 할인해주는 게요?" 주인이 대답했다. "당연히 100자리 숫자를 외우는 거지요. 좋습니다. 협상에 응하지요."

게임은 즉시 시작됐다. 5분이 지나 아내는 문제없이 100자리 숫자를 모두 맞혔다(아내는 훈련을 받은 적이 없지만 여기에 소개한 기억술 대다수를 마스터한 사람이다). 주인은 내 아내가 그토록 갈망하던 목걸이를 넘겨주며 이렇게 말했다. "이걸 팔아서 남는 것은 없지만 지금까지 이렇게 즐거운 마음으로 물건을 팔아보기는 처음입니다." 그는 우리와 사진을 한 장 찍자고 했고 그 사진은 지금도 그 가게에 걸려 있다. 지금까지도 아내가 가장 아끼는 목걸이는 당연히 그날 산 목걸이다. 능력과 사치는 무관한 것이 아닌 법!

기억력, 공부의 기술을 완성하다

scene 39 메타기억에 주목하라

학습 유형 찾기 자신에게 맞는 학습 유형을 찾기 위한 학습 유형 검사가 한창 유행이다. 그런데 최근에 나온 연구 결과들은 이런 학습 유형 모델의 효과를 입증할 만한 과학적 증거를 제시하지 못한다. 내가 보기에는 각자가 자신의 학습을 깊이 있게 분석해 자신에게 맞는 학습 방법을 찾는 것이 훨씬 효과적이다.

요즘 학습 유형 검사가 유행이다. '시각형', '청각형', '촉각형' 등으로 나뉘는 아이의 학습 유형에 따라 맞는 공부 방법을 찾는 것이다. '행동형', '규범형', '탐구형', '이상형' 등으로 나누는 구분법도 있다. 70가지가 넘는 학습 유형 분류 시스템을 갖춘 학습 전문 기관들은 비싼 테스트를 통해 의뢰인이 어떤 학습 유형에 속하는지 알아봐줄 수 있다고 장담한다.

논리는 이렇다. 어떤 학습 유형인지를 알면 학습 효과를 최고로 끌어올릴 수 있다는 것이다. 하지만 그런 구분법이 정말 의미가 있을까? 과학적인 근거가 있는 걸까? 이런 의문을 품고 비판적인 연구를 한 학자들이 있다. 지난 50년 동안 나온 학습 관련 연구의 대다수를 분석해 방법론적 오류, 증거, 일반적인 설득력 등을 살펴본 것이다.

결과는 놀랍도록 명확했다. 그 어떤 연구도 학습 유형을 분류하는 것이 의미 있다거나 학습에 유익하다는 결과를 보여주지 않았다. 달리 말해 어떤 사람을 기존의 학습 유형 방식으로 분류하고 그 결과에 맞는 학습법을 선택하여 그 사람에게 적용했다고 해서, 그런 학습법을 사용하지 않은 사람보다 더 좋은 학습 결과를 얻지는 않았다는 것이다.

> **NOTE**
>
> 남과 똑같이 달리는 사람은 없지만, 근본적으로 우리는 비슷한 모습으로 달린다. 한 발을 내디딘 다음 나머지 발을 내딛는다. 그런데 마라톤을 한다 해서 이러한 동작의 유형에 대해 이해하는 건 도움이 안 된다. 오히려 장거리 마라톤에 유익한 원칙들, 똑바른 자세, 느슨한 호흡, 가벼운 옷차림, 올바른 호흡법 등을 갖추는 것이 달리는 사람에게 더 도움이 된다. 학습도 이와 같다. 각자의 유형을 분석하기보다는 우리 모두에게 똑같이 통하는 학습의 원칙을 살피는 편이 훨씬 도움이 된다.

숫자 인간 vs 언어 인간

사람마다 인지능력이 다르고 어느 정도 이런 저런 학습 방법에 대한 주관적 선호도가 있다는 데에는 학자들도 의견을 같이한다. 하지만 설사 그렇다 해도 한 인간을 몇 가지 학습 유형으로 너무나 간단하게 분류하는 행동은 정당화될 수 없다. 더구나 그런 엄격한 분류는 오히려 심각한 위험을 초래할 수 있다. 수없이 많은 학습의 도구들을 충분히 활용하지 못하게 막는 것이다. 공구 상자에 100가지 공구가 들어 있는데 그중에서 딱 다섯 가지만 써야 한다고 정해주는 것과 다를 것이 없지 않은가.

　그러니 무엇보다 자신을 아는 것이 급선무다. 너 자신을 알라! 소크라테스도 누누이 강조하지 않았던가. 자신을 아는 것이 얼마나 중요한지는 '메타인지metacognition'라는 전문용어가 있다는 사실에서도 알 수 있다. 메타인지란 자신에 대해 알고 있는 모든 지식을 말한다. 다시 말해 자신의 재능, 능력, 강점에 대한 지식이다. 이 지식이 특수하게 기억의 작용과 학습 태도에 적용될 경우 '메타기억'이라고 한다. 많은 연구를 통해 기억력이 메타기억과 상당히 긴밀한 관련이 있다는 사실이 밝혀졌다. 즉 자신에 대해 잘 알수록 기억력도 높아진다는 소리다. 사실 너무나 뻔한 얘기다. 하지만 대부분의 사람들이 주목하지 않는 사실이기도 하다. 그래서 많은 사람들은 자신의 장점과 약점을 스스로 알려 하지 않고 남들이 만들어놓은 학습 규칙을 아무 생각 없이 받아들이곤 한다.

　그래서 나는 사람을 분류할 때 학습 유형 대신 다른 두 개념을 사용한다. '숫자 인간'과 '언어 인간'이다. 나의 오랜 경험으로 미루어볼 때 상당히 타당한 분류법이다. 당신은 어느 쪽인가? 딱 한 가지 간단한 테스트로 구분이 가능하다. 다음 중 어떤 암기법이 더 도움이 되는가? "September, April, June and November have thirty days"라는 문장을 볼 때 리듬을 부여해 읽는 편인가? 아니면 11, 9, 6, 4라는 숫자를 떠올리는 편인가? 리듬을 좋아한다면 '언어 인간'이다. 반면 9.11과 체스판 64칸을 떠올리며 이 문장을 외웠다면 '숫자 인간'이다.

신경학, 방법론, 학습심리학의 지식을 활용하는 것도 학습에 도움이 되겠지만 무엇보다 자신의 사고 및 학습 과정, 자신의 장점과 약점을 인식하고 자신을 성찰하는 것도 그 못지않게 효율적인 학습에 중요하다. 스스로에게 부지런히 물어보라. 나는 어떤 감각이 가장 발달되었는가? 어느 정도의 간격을 두고 암기를 해야 가장 잘 외워지나? 스트레스를 방지하는 나만의 방법은? 가장 의욕이 고취되는 때는 언제인가?

scene 40 계획하는 능력이 왜 중요한가?

학습 계획 공부는 건축과 같다. 건축가가 건물을 짓기 전 아주 소상하게 건축 계획을 짜는 것처럼 학습할 때도 최대한 정확하게 학습량을 정해두면 학습 목표를 달성하기가 훨씬 수월하다.

계획하는 능력은 인간에게만 있다. 회사는 향후 생산과 마케팅 전략을 계획한다. 운동선수들은 훈련 프로그램을 짜고 트레이너는 다음 경기를 대비하는 전술을 짜며 파티 기획자는 음악을 선정하고 선생님은 수업 계획을 짠다.

학습 계획은 약간의 질서와 정리 수준을 넘어서는 큰 장점이 있다. 계획을 짜면 어떤 점이 좋을까?

- 학습 계획은 어두운 밤의 등대와 같아서 확실한 방향을 제시하며 오늘 할 일을 내일로 미루지 못하도록 막아준다.
- 빈둥거리거나 딴짓을 하거나 시간을 허비하지 않게 해주므로 시간 절약 효과가 뛰어나다.
- 계획을 달성했을 때 무언가 해냈다는 자부심, 정해진 것을 끝마쳤다는 자부심을 느낄 수 있다.

- 지금까지 마친 분량과 지금까지 달성한 성공을 되돌아볼 수 있고 그 것을 바탕으로 이후의 학습에 의욕적으로 임하게 된다(학습 과제를 다 마칠 때까지는 예전 학습 계획을 버리지 마라).

- 학습 계획을 세우면서 매우 중요한 다른 능력을 키울 수 있다. 즉 학 습 내용을 다 공부하는 데 얼마나 시간이 필요한지 구체적으로 측정 할 수 있는 능력을 키울 수 있다(단어 20개를 외우는 데 30분이면 충분할 지, 역사책 10페이지를 읽고 이해하는 데 한 시간이면 충분할지 생각하는 과정 에서 이런 능력을 향상시킬 수 있다).

- 자신의 집중력 한계를 파악할 수 있다. 90분 내내 집중할 수 있는 가? 아니면 30분이 내 집중력의 한계인가? 자신의 한계를 파악하고 나면 거기에 맞추어 휴식 시간을 배정할 수 있다. 나아가 휴식 시간 의 길이, 그리고 긴장을 풀면서 그 휴식 시간을 가장 바람직하게 보 내는 방법도 파악할 수 있다.

- 학습 계획을 짜면 휴식 시간이 더 달콤해진다. 말 그대로 스스로 노 력하여 얻은 것이기 때문이다.

- 직접 학습 계획을 짜다 보면 남의 뜻에 따라 사는 수동적인 인간에 서 자발적이고 주체적인 인간으로 거듭날 수 있다. 이 둘의 차이는 어마어마하다!

- 학습 계획의 범위를 하루에서 일주일, 한 달로 확대시키면서 점차 넓은 시야로 학습을 바라볼 수 있다. 다음 날 공부할 것에만 급급할 것이 아니라 학습 분량 전체를 어떻게, 어느 정도의 시간으로 나눌 수 있는지 한눈에 알아보는 능력을 키우게 될 것이다.

- 설사 선생님이나 교수님, 혹은 상사에게 인정받지 못하더라도 전혀 실망하지 않고 자부심을 키울 수 있을 것이다. 자신의 끈기와 노력, 학습의 열정을 계획표를 통해 거듭 확인할 수 있을 테니 말이다.

공부의 기술

자, 그럼 구체적인 학습 계획은 어떻게 세울까? 우선 하루나 주말 단위의 단기 계획과 몇 주, 몇 달에 걸친 장기 계획으로 구분한다. 처음엔 단기 계획부터 시작하더라도 차츰 장기적으로 계획을 짜는 습관을 들이자. '8주 동안 단어 500개, 석 달 내로 두꺼운 역사책 한 권 독파' 같은 식으로 학습의 목표를 잡는 것이다. 그래야 규칙적인 학습이 가능하고 단편적인 지식의 수준을 넘어서는 깊이 있는 이해가 가능하다.

아래는 주중에 학교를 다녀와서 집에서 혼자 공부하는 학생이 짠 학습 계획표이다. 정말로 공부에 대한 열의가 강하고 공부 외에는 다른 할 일이 별로 없는 경우이다.

단기 학습 계획의 사례

15:00~15:10	오후 학습 계획 작성
15:10~15:55	역사 숙제 및 예습
15:55~16:00	휴식
16:00~16:15	오늘 새로 배운 영어 단어 복습
16:15~16:45	수학 숙제
16:45~17:00	여유 시간 및 다음 수학 시간 준비

17:00～17:15	영어 단어 예습
17:15～17:30	휴식
17:30～18:30	화학 숙제+복습, 여유 시간
18:30～19:15	저녁식사
19:15～19:45	유동적(마음대로 주제를 선택한다)
19:45～20:00	오늘 배운 중요한 내용 요약하기
20:00～21:45	자유시간(독서, 친구와 전화하기, TV 시청, 취미활동)
21:45～22:00	작성해놓은 요약지를 여유 있게 읽는다.

여기서 볼 수 있는 것처럼 계획서는 분 단위로 잘게 쪼갠다. 그리고 반드시 공부해야 하는 내용과 자신이 정한 학습 과제를 계획한 시간 안에 문제없이 처리할 수 있도록 짜야 한다. 자꾸 짜보면 시간이 가면서 서서히 감을 잡을 것이다. 시간이 예상보다 오래 걸릴 때를 대비하여 여유 시간을 배치한다.

하지만 명심하라. 계속해서 계획대로 되지 않거든, 예를 들어 세 번째 항목에서 벌써 나가떨어졌다면 그건 계획표가 학습을 자극하는 것이 아니라 오히려 방해하고 있다는 증거이다. 이럴 땐 계획을 바꾸어야 한다.

NOTE

나는 학교에 다닐 때부터 학습 계획표를 짰다. 물론 그 전에도 열심히 숙제를 하고 예습을 하였으며 이것저것 다음 날 필요할 것 같은 공부를 했지만 막상 한 주가 끝나고 공부한 시간을 합산해보면 '정말 많이 공부했구나!'라는 생각은 들지 않았다. 그래서 두 시간이라도 공부할 시간이 생기면 분 단위로 정확히 학습 계획을 짰고 반드시 그 계획을 지켰다. 그렇게 계획표대로 공부하면 언제 한 주제를 끝냈으며 언제 다음 주제를 시작하였는지 정확히 알 수 있다는 점이 무척 매력적이었다. 당연히 성적도 좋아졌다. 자신의 지식과 점수에 점점 감탄을 하게 되었다. 그리고 얼마 되지 않아 나는 놀라운 '학습의 선순환'에 빠지게 되었다. 계획을 짜서 성적이 올라가면 의욕이 고취되고 그래서 더욱 계획을 짜고 또 성적이 올라가고…. 이러한 순환 말이다.

scene 41 외국어를 배우기 전에 알아야 할 것

언어 학습 유형 외국어를 배울 때는 자신이 두 가지 언어 학습 유형 중 어느 쪽인지를 파악하는 것이 필요하다. 그리고 유형에 따라 학습 방법을 달리 해야 한다. 당신은 오디오매틱audiomatic 유형인가, 아니면 논리인지logocognitive 유형인가?

외국어를 배우는 건 쉬운 일이 아니다. 태어나자마자 그 외국어에 노출된 경우가 아니라면 누구나 외국어 학습에는 특별한 노력을 기울여야 한다. 또 사람에 따라 외국어를 배우는 능력이 다르고, 가장 효율적인 학습 방법도 다르다.

앞서 scene 39에서 나는 요즘 한창 유행인 학습 유형 구분이 큰 의미가 없다고 말한 바 있다. 학습 유형 테스트를 무조건 믿고 그 방법대로 공부하다가 오히려 해를 입을 수도 있다고 경고했다. 하지만 외국어 학습의 경우에는 생각이 다르다. 외국어는 학습 유형에 따라 학습 방법을 달리해야 한다.

나의 언어 학습 유형은?

몇 년 전 나는 수천 명의 강연 및 세미나 참가자와 지인, 친구들을 분석하여 쉽고 빠르게 언어 학습 유형을 알아낼 수 있는 테스트를 만들었다. 두 가지 학습 유형은 이렇게 구분할 수 있다.

오디오매틱 유형

이 학습 유형의 사람들은 귀를 통해 자동적으로(audio+automatic) 언어를 배운다. 의식적으로 노력하지 않아도 계속 반복하여 듣기만 하면 단어가 저절로 소리 형태로 청각 기억 부위에 저장된다. 그래서 노래 가사든 사투리든 광고 문안이든 외국어든 몇 번만 복습하면 쉽게 그 단어를 기억할 수 있다.

논리인지 유형

이 언어 유형에 속하는 사람들은 외국어를 배우기가 조금 더 힘들다. 이 사람들을 학습을 할 때 논리적인 인지(logo+cognitive) 과정을 거쳐야 한다. 이 유형의 사람들은 우선 깊이 있는 이해를 통해 문법의 규칙부터 알아야 한다. 단어를 외울 때도 반드시 모국어로 번역된 뜻을 알아야 외울 수가 있다. 그러니 외국어로 된 단어 설명은 이들에게 정말로 취약이다. 그래서인지 대부분 말보다는 글을 읽고 쓰는 능력이 더 뛰어나다.

그러므로 외국어를 공부하기 전에 먼저 아래의 테스트를 통해 자신이 어떤 유형에 속하는지부터 파악하는 것이 좋다. 다음 표에서 다섯 문항을 읽고 자신에게 해당하는 부분에 표시를 하자.

	전혀 그렇지 않다 (−20)	별로 그렇지 않다 (−10)	보통 (0)	꽤 그렇다 (+10)	아주 많이 그렇다 (+20)
1. 좋아하는 노래의 가사 를 외우나?					
2. 몇 문장이라도 사투리 를 할 줄 아는가?					
3. 지금 떠오르는 광고 문 안이 있는가?					
4. 외국에 휴가를 갔다가 돌아오면 몇 마디라도 말을 배워서 오는가?					
5. 어린 시절에 잘 부르 던 노래를 기억하고 있는가?					
총점(퍼센트)					

평가: 점수를 합산하라. 총점은 −100에서 +100 사이이다. 겁먹지 마라. 절대로 당신의 정신 능력을 테스트하는 자리가 아니다. 그저 당신의 언어 학습이 논리인지 유형인지 오디오매틱 유형인지를 알고자 하는 것이 점수 합산의 목적이다. 총점이 −70점이면 당신은 70퍼센트가 논리인지 유형이라는 뜻이다.

앞에서 잠깐 소개한 학습 유형에 따른 학습 방법은 특히 '극단적인 유형'에 잘 통한다. 다시 말해 총점이 +50 혹은 −50을 훨씬 넘는 경우에 해당된다. 개인적인 얘기를 하자면 나는 논리인지 유형의 극단적인 경우이다. 점수가 최고치인 −100이다. 그래서 외국어를 배우는 것이 상당히 힘들다.

오디오매틱 유형은 외국어로 된 단어의 의미 설명, 정의, 예문을 외워야 한다. 또 최대한 많이 듣고 말하는 것이 좋기 때문에 녹음기나 외국어 영화를 자주 보아야 한다. 오류를 파악할 때도 옳은 문장을 여러 번 반복하여 들으면 자동적으로 깨닫는다. 논리인지 유형은 단어를 모국어 뜻과 함께 외운다. 문법, 예외, 언어 규칙을 파악하고 그것으로 구체적인 문장을 만드는 연습을 해야 한다. 자신의 문제점을 파악할 때도 문법이라는 배경이 필요하다. 정확한 문장을 아무리 들려주어도 오디오매틱 타입과 달리 자신의 문제점을 얼른 알아차리지 못한다. 반드시 '왜?'라는 질문을 하면서 문제점을 파악해야 한다. 두 유형 모두 키워드 방법과 장소법을 효율적으로 활용해볼 수 있다.

scene 42 어느 쪽을 선택할 것인가

예습의 중요성 공부하는 사람들의 90퍼센트 이상이 예습을 하지 않는다고 한다. 그냥 아무 준비 없이 수업이나 강의를 따라가기만 한다는 것이다. 하지만 자기주도적인 '예습', 다시 말해 사전에 학습 내용을 자발적으로 공부하는 학습법은 상상 이상으로 효과가 크다. 예습을 한 후 수업을 들으면 수업 내용이 쏙쏙 귀에 들어올 것이고 선생님과 동등한 대화 파트너가 된 듯한 기분에 재미도 더 느낄 수 있다.

예습이란 앞으로 배울 학습 내용을 미리 살피는 행동이다. 예를 들어 장을 보러 간다고 치자. 그럼 무엇이 필요하겠는가? 사전에 세 가지를 살펴야 한다. 가장 먼저 무엇을 살지 고민할 것이다. 그래서 많은 사람들이 쇼핑 리스트를 작성한다. 그다음으로 돈이나 카드를 챙겨야 한다. 그리고 마지막으로 장바구니를 챙겨야 한다. 그래야 장 본 물건들을 편하게 집으로 가져올 수가 있다.

예습하는 즐거움

우리의 학습도 꼭 이와 같다. 다음 수업이나 강연, 공부를 준비하려면 미리미리 장바구니, 즉 학습 바구니를 챙겨야 한다. 배울 내용을 몇 분이라도 살펴보면서 어떤 것을 배울지 대충 감을 잡아보는 것이다. 그렇게 해서 머릿속에 만들어진 학습 바구니는 수업 시간에 들어올 각종 정보들을 넉넉히 받아들여 잘 보관할 것이다. 그리고 당신은 장바구니 가득 채워진 지식을 들고 집으로 돌아올 수 있다. 물론 이때 학습 바구니가 촘촘할수록 빠져나가는 정보가 줄어들 것이다. 하지만 촘촘한 바구니를 만들겠다고 너무 신경을 곤두세우며 노력할 필요는 없다. 중요한 것은 학습 내용을 담아올 바구니를 만드는 것 그 자체이니까 말이다.

장바구니를 학습 바구니에 비유할 수 있다면 나머지 쇼핑 목록과 돈은 어디에 해당될까? 쇼핑 목록은 예습을 하면서 떠오른 의문점일 것이다. 의문점을 적어놓았다가 수업 시간이나 강의 시간에 해결한다. 돈은 긍정적 자세와 의욕일 것이다. 그것이 없다면 학습이 너무 힘들고 고단할 테니까.

보통 사람들은 공부를 이런 방식으로 한다.

① 학습 내용을 배운다(선생님의 수업을 수동적으로 듣는다).
② 수업 내용을(혼자서, 억지로) 복습한다.
③ 시험에 대비하여(모르는 것이 많아서 힘들어하면서) 공부한다.

이런 방법만으로도 공부를 잘하는 사람들이 분명 있을 것이다. 하지만 근본적으로 효율적인 방법이 아니기 때문에 기대에 못 미치는 성적으로 끝날 확률이 높다. 예습을 하지 않으면 수업 내용이 다 이해가 안 되고, 집에 와서 혼자 복습을 해도 분량이 버겁거나 불명확한 부분이 너무 많다. 결국 학교 수업만으로는 안 된다는 생각에 학원이나 과외나 보충 학습을 찾게 된다.

그래서 예습이 필요하다. 그렇다고 미리 완벽하게 다 알고 수업에 들어가라는 소리는 아니다. 그렇게 해서 다 아는데 수업은 뭐하러 듣겠는가. 수업 시간 전에 무슨 내용을 배울 것인지 대충 살펴보면서 마음의 준비를 하라는 뜻이다. 시간도 크게 안 들면서 효과는 만점이다. 수업 내용을 잘 이해하다 보면 적극적으로 수업에 참여하게 되고, 즐거운 마음으로 수업에 임하게 된다. 당연히 성적도 오를 것이다. 복습 시간도 줄어들 것이므로 남은 시간을 다시 다음 시간 예습에 투자할 수 있다. 효과적인 예습의 순서는 다음과 같다.

① 학습 내용을 예습한다(혼자서 학습 바구니를 제작한다).
② 수업을 듣는다(선생님의 수업에 적극 참여한다).
③ 수업 내용을 복습한다(혼자서, 수업 시간에 이해한 내용을 더 깊이 있게 이해한다).
④ 시험에 대비하여 공부한다(배운 내용을 확실하게 기억한다).

무조건 내 말을 믿고 예습을 한번 해보라. 조만간 멋진 경험을 할 수 있을 것이다. 공부와 지식이 주는 기쁨을 맛볼 수 있을 것이다.

NOTE

나는 학창시절부터 꾸준히 예습을 했다. 별로 힘들지 않았다. 숙제와 달리 의무가 아니라 내가 자발적으로 선택한 공부였기 때문이다. 선생님이 설명을 하시는

데도 못 알아듣고 고개를 갸우뚱거리는 기분, 당신은 아는가? 예습을 하고부터는 '아하' 하고 절로 감탄하며 부지런히 고개를 끄덕이게 되었다. 그것이야말로 공부가 주는 기쁨이 아닐까?

scene 43 함께할 사람을 찾아라

팀의 가치 함께 공부할 사람들을 찾아라. 함께 공부하면 재미있고 의욕이 커지며 나의 약점을 파악할 수 있다. 또 학습 내용을 다른 관점에서 볼 수 있다.

조용한 방에서 혼자 집중해서 공부를 해야 하는 상황이 있다. 예를 들면 복습을 할 때, 기초 지식을 공부할 때, 단어를 외울 때, 많은 분량을 공부해야 할 때, 수학 문제를 풀 때가 그러하다. 사실 혼자 있으면 집중이 더 잘되고 자신의 학습 리듬을 깨지 않아도 되며 자신에게 맞는 속도로 공부할 수 있다. 그러나 정기적으로 사람들을 만나 함께 공부를 하는 것이 유익할 때도 많다. 다음과 같은 이유 때문이다.

- 다른 팀원들에게서 새로운 시각을 배우고 자극을 얻는다.
- 다른 사람들과 토론을 하면서 지식의 깊이를 더할 수 있다.
- 나의 모자란 점을 파악할 수 있다. 특히 다른 사람들의 지식 수준과 비교하여 나의 지식 수준을 객관적으로 판단할 수 있다.
- 학습 전략을 서로 교환하여 최고의 학습 전략을 짤 수 있다.

- 잘못된 시각이나 사고방식을 빨리 파악할 수 있다.
- 학습 분량이 많을 경우 팀원들이 나누어 공부하고, 서로에게 알려줌으로써 학습 시간을 줄일 수 있다.
- 팀원들 앞에서 자신이 공부한 내용을 발표를 하면서 발표력을 키울 수 있다.
- 공부를 하지 않았을 경우 이유를 대고 변명을 해야 하기 때문에 빈둥거리며 헛되이 보내는 시간을 줄이고 책임감을 갖고 열심히 공부하게 된다.
- 집단의 동력 덕분에 활기와 의욕을 얻게 된다.
- 나중에 직장에서 필요한 '팀 능력'을 키울 수 있다.
- 팀원들의 칭찬을 들으며 자신감과 자부심을 키울 수 있다.

물론 장점이 큰 만큼 위험도 적지 않다. 쓸데없는 잡담이나 언쟁으로 시간을 낭비할 수도 있다. 따라서 팀을 꾸릴 때는 다음과 같은 몇 가지에 유의해야 한다.

- 인원수는 서너 명이 가장 이상적이다(최대 다섯 명).
- 팀원들이 서로 호의적이어야 한다. 그래야 팀 분위기가 좋다.
- 팀원들의 사고방식이나 지식 수준이 비슷해야 한다.
- 잘난 척하며 혼자 나대는 사람이 있어서는 안 된다.
- 상호간에 시기심이나 두려움을 느껴서는 안 된다. 그래야 자유롭고 솔직한 의견 교환이 가능하다.

- 목표가 비슷해야 한다.
- 모두 의욕이 넘쳐야 한다.
- 팀 규칙을 미리 정한다.
- 상호 합의하에 적당한 장소를 정한다.

이것만 보아도 성공적인 팀 학습이 쉽지만은 않다는 사실을 짐작할 수 있다. 그래도 위와 같은 사항을 명심하여 마음에 맞는 사람들을 찾는다면 반드시 만족할 만한 효과를 보게 될 것이다.

멀리 가고 싶으면 같이 가라

팀원들이 서로에게 질문을 던지는 것도 공동 학습의 효과를 높이는 방법이다. 자신은 답을 모르지만 중요하고 흥미롭다고 생각하는 문제를 낼 수도 있고, 다른 팀원들을 테스트할 목적으로 질문할 수도 있다. 물론 후자의 경우 나쁜 마음이 아니라 다른 팀원을 도와 자신과 같은 지식 수준으로 끌어올리려는 선의에서 나온 것이어야 한다.

혼자 공부할 때와 마찬가지로 팀 학습에도 학습 계획이 필요하다. 이때에도 장기 계획과 단기 계획은 다르게 짜야 한다. 모든 팀원이 공개적으로 열심히 공부하겠다고 약속(문서로 하는 것이 제일 좋다)하는 것도 필요하다. 팀 일에 적극 협력하겠으며 목표에 도달할 때까지 절대 포기하지 않겠다는 약속 말이다.

그동안 여러 선생님을 만나서 이야기를 나누어본 결과 나는 부모와 자식이 이루는 팀도 정말 중요하다는 생각을 하게 되었다. 특히 자녀가 어린 경우 부모의 지원과 응원은 아이의 학습을 좌우하는 중요한 요인이다. 부모가 일방적으로 이끌어가는 팀이 아니라 아이를 동등한 권리를 가진 팀원으로 존중해주는 그런 팀이 필요하다는 말이다. 나도 여덟 살짜리 딸아이의 숙제를 도와주면서 깨달음을 얻을 때가 많다. 누구든지 나이와는 상관없이 호기심만 있으면 함께 배울 수 있다.

NOTE

학습 팀을 꾸릴 때는 먼저 어떤 분야, 어떤 과목을 함께 공부할 것인지부터 고민해야 한다. 그다음으로 어떤 사람이 팀 학습에 호의적일지 찾아본다. 그중에서 나와 성적이 비슷한 사람들을 선별한다. 물론 한 명 정도는 다른 팀원들보다 성적이 우수한 사람(너무 차이가 나는 사람이 아닌, 약간 더 우수한 사람)을 끼워 넣는 것이 좋다. 나를 제외한 나머지 팀원들이 서로 사이가 좋은지도 고려해야 할 문제이다.

scene 44 뇌는 충전의 시간이 필요하다

충전의 시간 힘든 훈련을 마친 근육처럼 우리의 뇌도 '충전의 시간'이 필요하다. 자연스럽게 충전의 시간을 갖는 방법은 바로 잠을 자는 것이다. 따라서 수면 시간을 과도하게 줄이면 면역 체계뿐 아니라 뇌세포의 기능도 떨어진다.

모든 인간에겐 수면욕이 있다. 우리는 그 수면욕에 복종해야 한다. 하지만 세상에 즐길 거리가 얼마나 많은가. 특히 젊은 사람들일수록 주중에 하루도 빠짐없이 술 마시고 TV 보고 늦게까지 잠을 안 자고 버티다가 주말에 몰아서 하루 종일 자는 경우가 많다. 장기적으로 이런 생활 패턴을 유지하는 것은 당연히 건강에 해롭다.

최근 25년 이상의 기간을 두고 47만 5000명을 대상으로 실시한 대규모 관찰 실험의 결과가 발표되었다. 실험 결과에 의하면 하루에 여섯 시간보다 적게 잘 경우 심장 질환(심근경색 등)이나 대장암 발병 가능성이 50퍼센트나 증가한다고 한다. 또 성인은 물론 어린아이들까지도 학습 능률에 심각한 손실을 입는다고 한다.

보통의 성인은 하루 6~9시간(대부분은 7~8시간)을 자면 된다. 물론 4~5시간만 자도 충분하다거나 반대로 10~12시간을 자는 사람들도 있지만 그런 경우는 드물다. 수면의 양은 개인에 따라 천양지

차이며 유전적 소인도 작용한다. 문제는 각자에게 맞는 충분한 수면을 취하지 않을 경우 절대적인 수면 시간만 줄어드는 것이 아니라 깊은 수면 단계의 상대적인 비율도 줄어 든다는 것이다. 그리고 바로 이 깊은 수면 단계야말로 '지식의 응고화'(scene 9에서 설명했다)의 중요한 조건이다.

당신이 잠든 사이에

수면에 대한 학자들의 관심은 날로 늘어나고 있다. 사실 수면이란 얼핏 보면 도저히 이해하기 어려운 현상이다. 고등동물들은 모두 잠을 잔다. 하지만 따지고 보면 언제라도 호시탐탐 자신을 노리는 적들이 산재한 자연에서 의식을 잃고 무방비 상태로 누워 있다는 것이 얼마나 위험한 일인가.

우리가 규칙적으로 잠을 자야 하는 데는 여러 가지 이유가 있다. 첫째, 뇌를 쉬게 하여 소비한 에너지 저장고를 다시 채우려는 목적이 있다. 실험 결과 우리와 생화학적으로 매우 유사한 쥐의 경우 잠을 자는 동안 뇌에서 에너지 전달 물질인 아데노신트리 포스파타아제^{ATPase}가 대량으로 생산되는 것으로 밝혀졌다. 둘째, 최근의 연구 결과를 보면 잠을 자는 동안 에너지 사용량이 급격히 줄어든다고 한다. 밤에 잠을 자는 사람과 잠을 자지 않고 휴식을 취하는 사람을 비교하였더니 잠을 자는 쪽이 약 30퍼센트 정도 에너지를 덜 사용했다(약 60kcal/h 대 85kcal/h). 그뿐이 아니다. 잠을 자는 동안 우리 몸에선 면역 체계가 강화되고 상처가 빨리 아물며 성장이 촉진된다(깊은 수면 단계에서 성장 호르몬이 분비된다). 또한 개별 뇌세포들이 서로 연결되고 그물처럼 얽히면서 학습 과정을 촉진시킨다.

그러니 하루의 수면 시간을 약 세 시간으로 줄일 경우 2~3일만 지나도 각종 부작용이 나타난다. 머리가 지끈거리고 오한이 들며 배가 고프고 집중력이 떨어진다. 심할 경우 헛것도 보인다. 이런 상태가 장기적으로 지속된다면 어떻게 되겠는가? 깨어 있는 상태에서도 뇌는 생존에 직접적으로 중요하지 않은 뇌 부위들을 '반수면 상태'로 밀어낸다. 신경의 탈진을 막기 위해서다. 집중력과 주의력은 당연히 급감할 것이다.

이 모든 정황으로 미루어보건대 반드시 잠은 충분히 자야 한다. 특히 중요한 시험을 앞두었다면 무슨 일이 있어도 잠을 자야 한다. 어떤 이는 아무리 그래도 황금 같은 인생을 잠으로 보낼 수 있겠냐고, 그 아까운 시간을 그냥 흘려보낼 수는 없다고 생각할 수도 있겠다. 그래서 잠을 자는 동안 MP3 플레이어에 학습 내용을 녹음해 듣는 분이 계시다면 도시락 싸들고 가서라도 말리고 싶다. 학자들이 연구를 해보았더니, 귀는 그 소리를 듣고 기록을 했을지 모르지만 다음 날 아침, 자는 동안 틀어놓았던 내용을 하나도 기억하지 못했다고 한다.

LAB   기억력과 수면의 상관관계

오스트리아 잘츠부르크대학교 심리학과에서 '수면 태도가 학습 능률에 미치는 영향'
이라는 주제로 다양한 실험을 실시했다. 그랬더니 성인 실험 참가자들의 경우 수면
의 질이 학습에 큰 영향을 미치는 것으로 드러났다. 최근에는 8~11세 사이의 아동
을 대상으로 실시된 대규모 실험도 있었는데 이들에게서도 역시나 수면의 질과 기
억력의 상관관계가 나타났다고 한다.

scene 45 어떻게 읽을 것인가

독서법 대부분의 사람들은 글을 읽을 줄 안다. 학교에서 제일 먼저 배우는 것이 글자이고 대부분의 학습이 글을 통해 이루어지기 때문이다. 여기서 조금 더 나아가 바람직한 독서의 방법을 익히고 독서의 규칙을 지킬 수 있도록 훈련을 하자. 독서의 효율성이 급격히 높아질 것이다.

독서는 의외로 매우 복잡한 과정이다. 눈의 움직임, 글자의 인식, 단어의 코드화, 분석적 사고, 연상적 정보처리, 장기기억에 저장된 지식의 활용, 정보 저장 등의 여러 과정이 서로 조율되면서 거의 동시에 진행된다.

　이 모든 것을 우리는 학교에 들어가자마자 배우게 되고 그 후 내내 같은 방식으로 활용하면서 우리 몸에 안착시킨다. 이것이 바로 거의 모든 사람들이 거의 같은 속도로 글을 읽는 이유이다. 사람들은 보통 텍스트가 심하게 어렵지 않은 경우 분당 약 200~300개의 단어를 읽는다. 텍스트의 종류에 관계없이, 텍스트가 어렵건 쉽건 상관없이 독서의 방법은 항상 동일하다. 하지만 그렇게 텍스트를 읽어서는 독서의 질을 높일 수 없다. 좀 더 효율적인 독서를 위해서는 아주 중요한 다음 두 가지 사실을 명심해야 한다.

기어 변속 독서법

자전거로 비유하는 것이 좋겠다. 보통 사람들의 독서는 기어 변속을 하지 않는 자전거 타기와 같다. 길의 상태에 따라 기어를 변속하면 자전거의 속도는 눈에 띄게 높아지고 힘도 훨씬 덜 든다. 독서도 마찬가지이다. 텍스트의 종류에 따라 '독서의 기어'를 바꾸면 속도도 빨라지고 힘도 훨씬 덜 든다.

- 1단: 매우 복잡한 텍스트나 외래어, 전문용어가 넘쳐나는 텍스트는 1단으로, 천천히 정신을 집중해서 읽어야 한다. 모르는 부분이 나오면 같은 부분을 반복해서 읽는 것도 필요하다. 예) 어려운 학술 논문
- 2단: 다소 어려운 텍스트가 여기에 해당된다. 여러 번 읽어야 할 정도로 복잡하지는 않지만 정신을 집중해야 하며 중간중간 멈추고 읽은 내용을 되짚어보면서 읽어야 한다. 예) 글자가 많은 교과서나 인문서
- 3단: 중간 정도의 텍스트이다. 이미 알고 있거나 별로 중요하지 않은 정보를 담은 부분은 그냥 넘어가도 된다. 예) 신문이나 잡지
- 4단: 쉬운 텍스트를 빠르게 읽을 때이다. 깊이 있는 이해와 오랜 기억이 필요한 내용이 아니므로 가볍게 빠른 속도로 읽을 수 있다. 예) 가벼운 소설
- 5단: 제일 빠른 속도이다. 흩어진 정보나 중요한 핵심 단어를 찾기만 하면 되므로 슥슥 지나가면서 필요한 정보를 뽑아낸다. 사실 이 방법은 우리가 일반적으로 말하는 독서에 해당되지 않는다. 예) 사전

독서의 기어를 적당하게 맞추면 시간과 에너지가 훨씬 절약된다. 올바른 기어를 찾는 방법도 빨리 배울 수 있다. 한 가지만 명심하면 된다. 바로 텍스트에 맞게 독서의 속도와 깊이를 바꾼다는 것!

속독법이란 것이 한창 유행했던 때가 있었다. 이름 그대로 빠르게 글을 읽는 방법이다. 속독법을 훈련하면 정말 남들보다 훨씬 빠른 속도로(더불어 더 효율적으로) 글을 읽을 수 있는 걸까? 대답은 "예"와 "아니오" 둘 다이다.

실제로 집중 훈련을 하면 나쁜 독서 습관을 고칠 수 있고 독서의 속도가 급격하게 빨라질 수 있다. 속독을 배울 때 가장 많이 하는 훈련이 안구 훈련, 고정 시간의 축소, 시야 확대 훈련 등이다. 하지만 몇 가지 문제점이 있다. 첫째, 속독을 하려면 하루 한두 시간씩 몇 주에 걸친 집중 훈련이 필요하다(성인이 될 때까지 익힌 독서 습관을 하루 사이에 고치기가 쉽겠는가). 둘째, 속독은 매우 간단한 교재에만 통할 뿐 복잡한 텍스트에는 효과가 없다(이해는 독서 속도를 제한하는 요인이다). 셋째, 매일 응용하지 않으면 금방 다시 원래의 습관으로 돌아가버린다.

또한 속독 전문가들이 약속하는 속도, 즉 분당 1000개, 2000개, 5000개, 1만 개, 심지어 3만 개의 단어는 거짓말이다. 그건 독서가 아니다. 그냥 텍스트를 낮은 이해 수준으로 스캔하는 것이다. 많은 학자들은 독서의 기계적, 인지적 과정을 고려할 경우 분당 500~600개의 단어'만' 가능하다고 주장한다. 사실 그것만 해도 굉장한 속도이다. 보통 사람들의 독서 속도보다 두세 배 빠른 것이다.

한마디 덧붙이자면 실제로 간단한 텍스트를 엄청난 속도로 읽고 기억할 수 있는 사람이 있긴 하다. 소수의 자폐증 환자(영화 〈레인 맨Rain Man〉에서 더스틴 호프만이 연기한 레이먼드의 실존 모델인 킴 픽Kim Peek이 대표적인데, 얼마 전에 세상을 떠난 그는 양쪽 눈을 따로 써서 두 페이지를 동시에 읽었고 책 1만여 권의 내용을 외웠다)나 분당 1만 5000개의 단어를 외운 '스피드 리딩'의 세계 챔피언 같은 사람들 말이다. 하지만 세계 챔피언이 된 사람마저도 나한테 지난 몇십 년 동안 거의 매일 5~6시간 동안 글을 읽어왔다고 고백한 적이 있다.

LAB   빨리 읽는 것이 반드시 좋을까?

미국에서 가장 책을 빨리 읽는 사람들—대부분이 속독법 강사였다—을 대상으로 연구 조사를 한 적이 있었다. 이들은 분당 몇천 개의 단어를 읽을 수 있다고 자신했다. 실제로 그들의 독서 '속도'는 분당 1000개 이상의 단어를 읽어내는 수준이었다. 하지만 텍스트 이해력은 매우 낮았다. 실험을 주관한 교수는 이런 말로 그들의 문제점을 꼬집었다. "정말 환상적이다. 페이지 넘기는 속도만."

scene 46 자극적이고 독특하고
색다르고 이상한 것

새로운 자극 알고 있는 것, 평범한 것, 단조로운 것, 해묵은 것에 우리의 뇌는 별 관심을 보이지 않는다. 감각 시스템과 마찬가지로 뇌 역시 새로운 자극에 활성화되기 때문이다. 이 원리를 이용하여 새로운 것, 득이한 것, 인상적인 것들을 학습 내용에 끼워 넣거나 그 내용에서 찾아내려고 노력한다면 학습 효과가 껑충 뛸 것이다.

이 학습 비법의 과학적 기초는 심리학자 헤드비히 폰 레스토르프 Hedwig von Restorff에게로 거슬러 올라간다. 1930년경 그는 연구를 통해 우리가 자극적이고 독특하고 색다르고 이상한 것을 더 잘 기억한다는 사실을 밝혀냈다. 이런 기억 현상을 그의 이름을 따서 '레스토르프 효과'라고 부른다. 예를 들어 과일의 이름이 쭉 나열된 리스트에 '테니스'라는 단어가 들어 있다고 가정해보자. 이 경우 테니스는 다른 것들과의 차이점 때문에 나중에 더 잘 기억난다. 한번 생각해보라. 학창 시절이나 예전 회사를 떠올릴 때면 아웃사이더가 더 잘 떠오르지 않는가? 평범했던 친구나 동료는 잘 기억이 나지 않는다.

나는 이런 현상을 학습에 적용해 '스포트 효과'라고 이름 붙였다. 환한 스포트라이트를 학습 내용의 특정 지점spot에 비추어 그 의미를 부각하고 주의력을 높이는 방법이다.

스포트 효과의 힘

우리가 새로운 것이나 특이한 것을 인식할 때 우리 뇌에서는 보상
을 받을 때처럼 화학물질이 분비된다고 한다. 즉 긍정적 감정을 만
드는 신경전달물질인 도파민이 분비되는 것이다. 학습 전문가인
슈피처Spitzer 교수 역시 뇌에 미치는 새로운 것의 영향력을 강조했
고, 심지어 학습에 중요한 해마 부위를 '뉴스 탐지기'라고 불렀다.

문제는 학교에서 쉬지 않고 너무 많은 새로운 정보를 배운다는
데 있다. 새로운 것이 평범한 것으로 전락하면 스포트 효과가 일어
나지 않는다. 습관이 우리의 감각에 미치는 영향도 이와 같다. 습
관이 되어버린 감각은 신호에 반응하지 않는다. 신호의 변화에만
반응한다. 신호가 똑같으면 제아무리 강력한 신호라고 해도 전혀
인식하지 못하는 것이다.

따라서 스포트 효과를 학습에 활용하려면 아래와 같은 몇 가지
사실을 유의해야 한다.

- 흥미와 감탄을 유발하는 정말로 특이한 사실을 학습 내용에서 찾으려 노력한다.
- 그런 걸 찾지 못하겠거든 살짝 교재에서 벗어나 새롭고 흥미로운 시각으로 교재의 내용을 분석한다. 예를 들어 지구의 중력 가속도 $9.81m/s^2$를 배운다고 치자. 그럼 시속 0~100킬로미터로 달리는 스포츠카(예컨대 부가티 베이론)의 중력 가속도는 어떻게 되는지 계산해 본다.
- 눈으로 보는 텍스트를 소리로 바꾸면 새롭다. 보통 사람들은 글을 읽을 때 입을 꾹 다물고 눈으로만 읽는다. 따라서 중요한 대목을 큰 소리로 읽거나 낮은 소리로 속삭이기만 해도 스포트 효과가 나타난다. 하지만 최근의 연구 결과에서 밝혀졌듯 모든 텍스트를 큰 소리로 읽는 경우 낭독 자체가 평범한 일이 되어버리므로 스포트 효과가 나타나지 않는다.
- 텍스트의 일부를 제스처나 동작을 곁들여 강조한다. 중요한 공식이나 정의를 특정한 동작으로 강조해 다른 내용들과 차별화하는 것이다.

훌륭한 연설가나 배우, 코미디언들을 보아도 알 수 있듯 제스처나 동작, '이상한 행동'을 곁들이면 정보의 전달 효과가 높아진다. 내가 아는 한 연사는 제일 중요한 메시지를 전달할 때 딱 한 번 탁자에 올라간다. 또 예전에 함께 일했던 상사 중 한 사람은 중요한 판매 전략을 가르칠 때 우아한 포즈로 창틀에 올라가 외설스러운 표현을 사용했다. 그런 식으로 전달된 정보는 정말 귀에 쏙쏙 들어

온다. 생물 시간에 '눈'에 대해 배운다고 가정해보자. 선생님이 아이들을 모아놓고 누가 정해진 시간 안에 제일 눈을 많이 깜빡이는지, 누가 제일 멀리 보는지, 누가 제일 오래 눈을 뜨고 있는지 등을 알아보는 시간을 가져본다면 어떨까? 학생들의 집중력을 훨씬 높일 수 있을 것이다.

LAB 뉴스 모드

독일 마르부르크대학교에서 실시한 실험이다. 실험 참가자를 두 집단으로 나누어 한쪽에는 5분 동안 잘 아는 영상을, 다른 한쪽에는 한 번도 본 적 없는 새로운 영상을 보여준 후 공부를 하게 했다. 며칠 후 공부한 내용을 테스트해보았더니 새로운 영상을 본 집단의 기억률이 월등하게 높았다. 특히 새롭고 흥미로운 풍경을 보여준 집단에서 효과가 가장 높았다. 이런 학습 능률 향상 효과는 새로운 영상을 본 후 최고 30분 동안 지속되었다.

영어 단어를 외우는 사이사이에도 인터넷을 뒤져 매력적인 풍경을 감상하라. 우리의 뇌를 끊임없이 '뉴스 모드'로 전환시키는 것이다.

scene 47 지식의 수준을 한 단계 높이는 방법

가르치며 배우기 공부를 할 때는 완벽하다고 생각했는데 막상 시험 시간에 보니 아는 게 없어서 당황했던 적이 있는가? 그런 황당한 상황에 빠지지 않으려면 공부한 내용을 다른 사람에게 전달해보라. 자신의 허점과 약점을 금방 알아차릴 수 있을 것이다.

로마의 철학자이자 정치가, 시인이었던 세네카는 '가르치며 배운다 Docendo discimus'라는 뜻의 유명한 경구를 남겼다. 중세 라틴어 학교에서도 심도 있는 학습을 위한 교습의 의미는 거듭 강조되었다. '가르치며 배우기'의 가치는 지금도 유효하다. 아니 오히려 지금과 같은 정보사회에서 더 큰 의미를 갖는다. 나의 정보를 타인에게 전달해야 할 일이 점점 더 많아지기 때문이다.

> **NOTE**
>
> 역사적으로 볼 때 가르치며 배우기는 지식을 전달하거나 학습의 효과를 키우기 위해서뿐 아니라 경제적인 이유에서도 활용되었다. 18세기와 19세기 스코틀랜드와 프랑스에서는 부족한 교사 인력을 충당하기 위해 학생들에게 수업을 시켰다고 한다.

남을 가르칠 기회

가르치는 과정을 통해 지식의 수준을 지금보다 더 높일 수 있다. 다른 사람을 가르치면, 즉 자신의 지식을 타인에게 전달하려고 노력하면 상대뿐만 아니라 자신에게도 엄청난 이익을 얻는 것이다. 몇 가지만 꼽아보면 다음과 같다.

- 남을 가르치면서 학습 내용이 우리 기억에 더 단단하게 자리를 잡는다. 단순 복습 차원을 넘어 전혀 새로운 시점에서 학습 내용을 바라보게 된다. 학습 내용을 상대에게 설명하여 이해시키려면 정말 다양한 각도에서 학습 내용을 살피고 고민해야 하기 때문이다.
- 설명을 하다 보면 자신이 완벽하게 이해하지 못한 부분이 저절로 드러난다. 그동안 전혀 생각지 못했던 의문점들이 갑자기 떠오른다.
- 가르치는 동안 학습 내용에 대한 이해가 깊어지고 새로운 깨달음을 얻을 수 있다.
- 상대의 질문을 통해 지금까지 미처 생각지 못했던 부분이나 비논리적인 측면이 드러날 수 있다.
- 가르치는 입장이 되어보면 선생님의 어려움이나 문제를 스스로 깨닫게 된다. 따라서 선생님을 이해하게 되고 선생님과 소통이 원활해지며 성적 향상에도 도움이 된다.
- 다 떠나서, 나의 것을 남에게 나누어준다는 느낌 그 자체만으로도 행복하지 않을까?

이 외에도 남 앞에서 말하는 능력, 지식을 빠르게 정리하는 능력, 남이 알아듣기 쉽게 정보를 포장하는 능력, 상대의 질문에 빠르게 반응하는 능력, 상대가 이해를 했는지 파악하는 능력 등도 향상된다. 이 모든 긍정적 측면을 고려할 때 남을 가르칠 수 있는 기회를 최대한 찾는 것이 좋다. 어떤 기회가 있을까?

- 학습 팀을 꾸렸다면 한 사람씩 돌아가면서 설명하는 시간을 갖는다.
- 친구나 가족에게 공부한 내용을 설명하고 질문을 던져달라고 부탁한다.
- 반려동물을 앞에 두고 공부한 내용을 설명할 수도 있다. 강아지도 귀를 쫑긋 세우고 열심히 들어줄 것이다. 학습에 도움이 된다는데 강아지인들 동원시키지 말라는 법이 있겠는가?
- 특히 대학생인 경우 적어도 한 분야에서는 남을 가르칠 수 있을 정도로 지식을 쌓아보자. 자신의 학습에 좋은 영향을 줄 뿐만 아니라 경제적으로 큰 도움이 될 수 있다.

NOTE

나는 오래전부터 '가르치며 배우기'라는 학습 비법을 규칙적으로 활용해왔다. 흥미로운 내용, 매력적인 내용을 알게 되면 최대한 빨리 주변에 있는 사람들에게 이야기해준다. 겉으로 보기엔 그 사람들을 위하는 행동 같지만 사실 이기적인 동기가 숨어 있다. 그런 과정을 통해 나의 지식이 더 탄탄해지며 내 기억의 그물망이 더 촘촘해질 것이라는 사실을 잘 알기 때문이다. 나의 말을 잘 들어주는 사람이 곁에 있다면 그와 함께 이야기를 나누며 학습의 깊이를 더해보자. 만족감이

쏠쏠할 것이다. 망설이지 말고 당신의 지식을 전달하라. 당신에게도, 그에게도 좋은 일이다.

scene 48 지식을 기록하는 것의 좋은 점

기록 한 분야를 파고들어 일정한 수준에 도달하려면 시간과 노력이 많이 든다. 하지만 안타깝게도 우리의 지식은 조금만 소홀히 대하면 금방 망각의 늪을 향해 달려간다. 이를 방지하려면 지식의 정상에 도달했을 때 요점을 뽑아 기록으로 남겨라. 나중에 다시 정상으로 올라가기가 한결 수월해진다.

무언가를 배우고 익히자면 많은 시간 집중적인 공부를 통해 지식을 내 것으로 만들어야 한다. 그래야 학교 시험이든 자격증 시험이든 연수든 좋은 성적으로 통과할 수 있다. 하지만 시험이 끝나고 나면? 시험이 끝나자마자 망각이라는 이름의 괴물이 작업을 개시한다. 그 괴물은 힘껏 공들여 쌓은 지식의 탑을 야금야금 갉아먹는다. 돌이 하나씩 사라지다가 결국 아무것도 남지 않을 때까지 말이다.

몇 달, 몇 년이 지나고 나면 그렇게 힘들여 외웠던 역사 연표, 물리 법칙, 수학 공식, 화학 반응식, 세계 문학 작품들이 아지랑이처럼 가물거린다. 그것들을 외우기 위해 내가 얼마나 고생을 했는데! 그 순간 우리가 아는 것은 단 하나의 사실뿐이다. '예전에는 알았다는 것'이다.

손실을 예방하는 법

사라지는 모든 것은 슬픔을 남긴다. 아득한 우리의 지식도 우리의 가슴에 슬픔을 남긴다. 더구나 살다 보면 끊임없이 그 잃어버린 지식이 필요해지는 순간이 찾아온다. 학교를 졸업한 후에도 직장에 들어가서 연수를 받을 때, 승진 시험을 칠 때, 자격증이 필요할 때 끊임없이 예전의 지식을 불러와야 한다. 하지만 앞서 보았듯 제때 복습을 하지 않으면 아무리 잘 알았던 것도 다 잊기 마련이며 언젠가는 완전히 망각의 늪에 잠겨버리고 만다.

바로 이런 지식의 손실을 예방하는 방법이 있다. 아주 쉽고 효율적인 방법이다. 지식의 숲으로 깊이 들어갔을 때 가장 중요한 정보를 채집하여 자기 말로 기록하는 것이다. 분량이 지나치게 많아서는 안 된다. 시간과 노력이 너무 많이 들면 지쳐서 포기하기 쉽다. 그렇다고 기록이 너무 적어서도 안 된다. 필요한 내용이 적당히 적혀 있어야 나중에 읽어보고 기억을 떠올려 얼른 지식의 탑을 재건할 수 있다.

기록을 하면 이런 여러 가지 좋은 점이 있다.

- 기록 자체가 집중적인 복습 과정이다. 기록을 통해 지식이 장기기억에 더 단단하게 저장된다. 질문 형식으로 만들어 묻고 대답하는 방식도 유익하다.
- 요약, 기록을 하면 전체 맥락이 더 확연히 보인다. 또 이해하지 못한 부분이나 빼먹고 넘어갔던 부분이 눈에 들어온다. 해결되지 않은 의

문점이 떠오르거든 최대한 자세하게 기록한다.

- 대답하지 못한 질문은 앞에서 배운 '자이가르니크 효과'를 유발한다. 우리의 뇌는 무의식적으로 계속 기억의 숲을 헤치며 대답을 찾아다 닐 것이다.
- 같은 내용을 학습할 경우 훗날 큰 시간을 들이지 않아도 금방 예전 의 수준에 도달할 수 있다. 스스로의 기록인 만큼, 그 내용들이 분명 장기기억의 어딘가에 숨어 있을 테니 말이다.
- 전혀 생각이 나지 않아 처음부터 다시 시작한다 해도 '점화'의 용도 로 써먹을 수 있다.
- 쌓여가는 지식의 데이터뱅크를 보면서 의욕과 재미가 늘어날 것이다.

NOTE

내 딸 킴은 3학년 때 '마르틴 루터'에 대해 배운 적이 있었다. 일주일 후 시험을 칠 예정이었기 때문에 아이는 선생님께서 주신 자료와 교과서를 열심히 읽었고 인터넷에 검색도 하였으며 엄마 아빠로부터도 온갖 지식을 모았다. 아이는 자신 이 알게 된 내용 중에서 가장 중요한 정보를 요약하여 기록했다. 슬쩍 들여다보 니 이런 내용이었다.

마르틴 루터는 1483년 아이스레벤에서 태어났다. 아버지는 광부였지만 재산이 많아서 아들에게 대학 공부를 시켰다. 바로 옆에 번개가 떨어지면서 간발의 차이 로 벼락을 피하게 된 그는 그것을 신을 섬기라는 계시로 여기고 신학을 공부했 다. 그는 1517년 95개조 반박문을 써서 가톨릭 교회의 면죄부를 비판했고 이 반 박문을 비텐베르크의 성 교회Schlosskirche 문에 못 박았다. 그는 행동으로 교회를 개혁했다. 그리고 교회에서 추방당한 후 바르트부르크에 숨어 살면서 성경을 독일어로 번역했다. 그는 왜 유명할까? 종교 개혁, 성경 번역, 독일어 표준화에 큰 영향을 미쳤기 때문이다.

아직 풀리지 않은 문제: ① 면죄부는 왜 면죄부인가? ② 면죄부는 얼마 동안이나 존재했나? ③ 면죄부는 언제 폐지되었나? 정말 그렇게 영향력이 컸을까? ④ 그렇게 거두어들인 돈으로 교회는 무엇을 했을까? ⑤ 루터는 성인이 되었나?

킴은 나중에 두 가지 질문에 대한 대답을 찾았고 그 즉시 그것을 기록했다. 다른 질문의 답도 계속 잊지 않고 있다가, 이렇게 기록해두었다. '4번 질문: 그 돈으로 로마의 성 베드로 성당을 지었다. 3번 질문: 면죄부는 1567년에 금지되었다.'

이진수 숫자 외우기 세계 챔피언

2005년 나는 옥스퍼드대학교에서 열린 세계기억력선수권대회에서 '이진수 숫자 외우기' 부문의 세계 챔피언이 되었다. 30분 동안 최대한 많은 이진수 숫자를 외우는 문제였다.

나는 2등보다 월등히 높은 점수로 우승을 거두었다. 그 이유가 무엇이었을까? 나의 강점을 깨달아 활용하였기 때문이다. 아주 간단한 6블록 시스템으로 숫자를 기억하고 딱 한 번 이중 포장(scene 19 참고) 방법으로 복습하면 모든 숫자를 암기할 수 있다. 다른 선수들은 암기 시간 30분 동안 적어도 한두 번은 처음부터 차례대로 반복을 한다. 그것은 시간이 너무 많이 걸리는 방법이다.

당시 내가 올린 신기록은 3570개의 숫자였다. 암기 시간 30분, 시험 시간 60분 동안 실수는 불과 다섯 번뿐이었다.

공부가 쉬워진다

이 책이 당신에게 새롭고 흥미로운 정보를 많이 전달하여 당신의 기억력을 향상시킬 수 있으면 좋겠다. 물론 이 책을 읽는다고 해서 기억력이나 학습 효과가 저절로 좋아지지는 않는다. 노력과 훈련을 통해 여기서 소개한 여러 가지 방법을 몸에 익히는 것이 우선이다. 다만 이 책으로 나는 무엇보다 노력하면 누구나 다 기억을 잘할 수 있고 효과적인 공부를 할 수 있다는 것, 그리고 그 방법이 생각보다 훨씬 쉽다는 것을 알려주고 싶었다.

* * *

나의 주된 관심사는 독자들이 필요한 장비를 장만하여 기억력과 학습에 관한 한 '최고 중의 최고'가 되도록 돕는 것이다. 최고 중의 최고들이야말로 이 책에서 설명한 방법대로 공부하는 사람들이다. 이제 당신도 그들과 똑같은 장비를 갖추었으니 제아무리 높은 목표의 산이라도 거뜬히 오를 수 있을 것이다.

자, 이 말을 명심한 뒤 즐겁고 신나게 모험을 떠나보자.

"싸우는(노력하는) 자는 패할 수도 있지만 싸우지(노력하지) 않는 자는 이미 패한 것이다."

이성이 잘 돌아가는 것만으로는 충분하지 않다.
제일 중요한 것은 이성을 잘 활용하는 것이다.

르네 데카르트(René Descartes, 1596~1650)
프랑스의 철학자, 수학자, 물리학자

그 회사는 직원을 설레게 한다

직원을 모험가로 만드는
두뇌 속 탐색 시스템의 비밀

대니얼 M. 케이블 지음 | 이상원 옮김
248쪽 | 16,000원

그 매장은 어떻게 매출을 두 배로 올렸나

사람이 몰리는 매장의 영업 비밀

이춘재 지음 | 232쪽 | 15,000원

가치를 사는 소비자 공감을 파는 마케터

남다른 가치를 찾아내는
마케팅 두뇌 만들기 프로젝트

김지헌 지음 | 304쪽 | 15,000원

2016년 세종도서 교양부문 선정

브랜드, 행동경제학을 만나다

소비자의 지갑을 여는 브랜드의 비밀

곽준식 지음 | 336쪽 | 15,000원

적을 만들지 않는 대화법

사람을 얻는 마법의 대화 기술 56

샘 혼 지음 | 이상원 옮김 | 296쪽 | 14,000원

말하는 법만 바꿔도 영업의 고수가 된다

영업의 고수가 꼭 하는 말, 절대 하지 않는 말

와타세 겐 지음 | 오시연 옮김 | 232쪽 | 14,500원

횡설수설하지 않고
정확하게 설명하는 법

덩산아 설명을 못하는 데는 사소한 이유가 있다

고구레 다이치 지음 | 황미숙 옮김
224쪽 | 13,000원

집중력, 마법을 부리다

원하는 모든 것이 잘 풀리게 하는 몰입의 기술

샘 혼 지음 | 이상원 옮김 | 272쪽 | 14,000원

옮긴이 **장혜경**

연세대학교 독어독문학과를 졸업하고 같은 대학 대학원에서 박사 과정을 수료했다. 독일 학술
교류처 장학생으로 하노버에서 공부했다. 현재 전문 번역가로 활동 중이다. 《충만한 삶, 존엄
한 죽음》, 《나는 괜찮을 줄 알았습니다》, 《나는 이제 참지 않고 말하기로 했다》, 《삶의 무기가
되는 심리학》, 《처음 읽는 여성 세계사》 등을 우리말로 옮겼다.

어떻게 기억할 것인가

개정판 1쇄 발행 2020년 4월 20일

지은이 군터 카르스텐
옮긴이 장혜경

펴낸이 • 박선경
기획/편집 • 권혜원, 남궁은, 강민형, 공재우
마케팅 • 박인경
표지 디자인 • 김경년
제작 • 디자인원(031-941-0991)

펴낸곳 • 도서출판 갈매나무
출판등록 • 2006년 7월 27일 제395-2006-000092호
주소 • 경기도 고양시 일산동구 호수로 358-25 (백석동, 동문타워 II) 912호 (우편번호 10449)
전화 • (031)967-5596
팩스 • (031)967-5597
블로그 • blog.naver.com/kevinmanse
이메일 • kevinmanse@naver.com
페이스북 • www.facebook.com/galmaenamu

ISBN 979-11-90123-82-2/03190
값 14,000원

이 도서의 국립중앙도서관 출판예정도서목록(CIP)은 서지정보유통지원시스템 홈페이지
(http://seoji.nl.go.kr)와 국가자료종합목록 구축시스템(http://kolis-net.nl.go.kr)에서 이용
하실 수 있습니다. (CIP제어번호 : CIP2020014522)